中等职业教育通用能力实践教材

丛书总主编　安如磐
丛书副总主编　邓国民

沟通技巧与实训

刘玉冰　主　编

刘杰 薛燕芬 张云峰 肖志 杨臣 张瑛男　副主编

清华大学出版社
北 京

内 容 简 介

本书分"基础篇"和"实践篇"两部分,共十九个单元,其中,"基础篇"包含讲述、解说、评说、讲话、演讲、交谈(上)、交谈(下)、辩论、倾听、非语言沟通十个单元;"实践篇"包含称呼、介绍、电话交谈、接待、交友沟通、团队沟通、求职面试沟通、与上级沟通、与同事沟通九个单元。每个单元采用情景描述、情景分析、知识链接、技能训练的体例编写,并采用案例分析、角色扮演、情景模拟、设置游戏、问题交流等方式进行技能训练,可操作性强。

本书可作为各类中等职业学校的教材,也可作为进行沟通技巧培训的教材。

图书在版编目(CIP)数据

沟通技巧与实训/刘玉冰主编. —北京:清华大学出版社,2012.3(2021.8重印)
(中等职业教育通用能力实践教材)
ISBN 978-7-302-28022-4

Ⅰ. ①沟… Ⅱ. ①刘… Ⅲ. ①心理交往-中等专业学校-教材 Ⅳ. ①C912.1

中国版本图书馆 CIP 数据核字(2012)第 021492 号

责任编辑:金燕铭
封面设计:邹德军
责任校对:李 梅
责任印制:丛怀宇

出版发行:清华大学出版社
   网 址:http://www.tup.com.cn,http://www.wqbook.com
   地 址:北京清华大学学研大厦 A 座   邮 编:100084
   社 总 机:010-62770175   邮 购:010-62786544
   投稿与读者服务:010-62776969,c-service@tup.tsinghua.edu.cn
   质 量 反 馈:010-62772015,zhiliang@tup.tsinghua.edu.cn
   课 件 下 载:http://www.tup.com.cn,010-62785764
印 装 者:三河市科茂嘉荣印务有限公司
经 销:全国新华书店
开 本:185mm×260mm   印 张:11   字 数:182 千字
版 次:2012 年 3 月第 1 版   印 次:2021 年 8 月第 18 次印刷
定 价:28.00 元

产品编号:043953-02

中等职业教育通用能力实践教材

编审委员会

丛书总主编

安如磐

丛书副总主编

邓国民

委　　员（排名不分先后）

李文东　　张朴顺　　张素洁　　王俊峰　　郧　凌

于琳琳　　孙　璐　　杜　博　　张云峰　　张瑛男

刘　杰　　肖　志　　刘玉冰　　徐荣兰　　张　岩

张茹茵　　陈　晶　　吴振东　　杨　臣　　赵海伦

尹志安　　薛燕芬

　　《国家中长期教育改革和发展规划纲要(2010—2020年)》战略主题中明确提出：坚持以人为本、全面实施素质教育是教育改革发展的战略主题，是贯彻党的教育方针的时代要求，其核心是解决好培养什么人、怎样培养人的重大问题，重点是面向全体学生、促进学生全面发展，着力提高学生服务国家和服务人民的社会责任感、勇于探索的创新精神和善于解决问题的实践能力。

　　多年来，各级教育行政部门、学校和广大教育工作者一直在积极探索改进与加强中等职业教育的工作。《中等职业教育通用能力实践教材》以中等职业学校学生职业通用能力教育为出发点，以《国务院关于大力发展职业教育的决定》提出的"以服务为宗旨，以就业为导向"的办学方针为指导，推行"品行教育与技能教育同步实施，学校教育与岗位学习交叉并举"，切实将"教、学、做、用"融为一体，以能力为本位，以培养合格的公民、培养胜任企业工作岗位需求的劳动者为主要教学内容，结合鲜活、生动的案例分析，为学生介绍学会学习、学会做事、学会生存的科学知识和基本技巧。

　　在教育教学实践中，经过广泛的调查分析，我们归纳出沟通与交流、应用文写作、礼节礼仪、审美、计算机应用等作为中等职业学校学生应该掌握的通用能力。为了给中等职业教育工作提供支持和服务，推广学校通用能力教学改革的成果经验，我们组织一线教师共同编写了这套《中等职业教育通用能力实践教材》，包含《沟通技巧与实训》、《实用写作基础》、《职业通用礼仪》、《服饰搭配技巧》、《计算机通用能力》、《硬笔书法》、《音乐与美术修养》七种教材，以此强化学生通用能力的培养，加强学生人文素质的塑造。

　　教育实践证明，中等职业学校学生的养成教育关系着社会的和谐稳定，更关系着全民族素质的提高。中职生从学校步入社会，中等职业学校是他们重要的生活空间、教育园地。 通用能力的培养在学生由职业教育向社会教育过渡的过程中起着举足轻重的作用。 本套教材的编写从满足经济发展对技能型人才的需要出发，在课程结构、教学内容、教学方法等方面进行了新的探索和创新，以利于学生更好地掌握职业基本能力。

在本套教材的编写过程中，编者参阅了国内外的有关著作，吸取了相关学科一些专家、学者的研究成果；同时，得到了大连商业职业教育集团同仁们的支持与帮助，在此一并深表谢意。

由于作者水平所限，书中难免存在疏漏和不妥之处，祈望专家、同行和广大读者批评指正，以便进一步修订和完善。

编审委员会
2011 年 9 月

　　良好的沟通与交流能力是一个人具有良好素养的体现，是现今社会个人生存和发展必不可少的条件，是为人处世、立足于社会的必备能力。俗话说"世事洞明皆学问，人情练达即文章"，对学生而言，了解并掌握必要的沟通与交流技巧，有助于他们顺利步入社会与适应工作环境，并将对他们以后的发展产生积极而深远的影响。

　　中等职业学校的学生由于语文水平普遍不高，随之表现为大多数学生的口头表达能力不强，沟通与交流的能力难以令人满意，而目前针对提高中等职业学校学生的沟通技巧方面的教材缺乏，本书主要为解决这一问题而编写。本书在编写中注重实训，真正的沟通与交流能力只有通过切实可行、行之有效的训练才能获得。

　　本书具有以下特点：

　　第一，以中等职业学校学生的阅历和实际情况为背景，针对中等职业学校学生的特点，讲解和训练他们最需要、最基本的沟通技能。

　　第二，以实际训练为主，以理论指导为辅，通过针对性的训练掌握相关技巧；在训练题的编写上，注重结合专业特点。

　　第三，内容编排遵照由浅入深、循序渐进的原则。

　　第四，采用情景描述、情景分析、知识链接、技能训练的编写体例，可操作性强。情景描述：精心编写典型情景，激发学生学习兴趣，以导入本单元的学习内容；情景分析：通过分析典型情景，使学生了解相关的沟通技巧，为理论知识的学习做铺垫；知识链接：通过相关知识的讲解，使学生了解、掌握相关的沟通知识与技巧，为实训打下坚实的理论基础；技能训练：采用案例分析、角色扮演、情景模拟、设置游戏、问题交流等方式，进行相关的技巧训练，以期有效掌握相关的沟通技能。

本书由刘玉冰主编并统稿，参加本书编写的有刘玉冰（交谈、辩论、非语言沟通、称呼、介绍、电话交谈、接待、求职面试沟通）、刘杰（讲述、评说、讲话、演讲）、薛燕芬（倾听、团队沟通、与上级沟通、与同事沟通）、张云峰（解说、交友沟通），肖志、杨臣、张瑛男等也参与了编写和统筹工作。

　　本书在编写过程中，参考并借鉴了多位专家、学者的论著，得到了大连职工大学、大连商业学校领导及同仁们的大力支持与帮助，在此一并表示衷心的感谢。

　　由于编者水平所限，书中难免存在疏漏与不妥之处，敬请广大读者批评指正。

编　者

2011 年 12 月

第一部分

基　础　篇

讲　述

> 　　讲述这种表达方式在日常生活中比较常见,属于一种独白形式的口语沟通,应用范围很广,可以运用多种表达方式来讲经历、说见闻、道情况、谈历史等。

情景描述

　　2010 年 4 月 29 日,某一中专开表彰会,通过校广播室同步传声,让所有没能进入现场的同学了解到表彰的整个过程。这时,现场进来两个手拿锦旗的军人登上了主席台,依次与台上的领导握手。由于这不是事先安排好的内容,一时,很多人不知如何是好。正在台上做转播的张一鸣一愣,然后手拿话筒,一个箭步冲了过去,直接把话筒对准了其中的一位军人,问道:"你是谁?"那位军人一愣,继而一笑,大大方方地介绍了自己,以及为何而来。尴尬的张一鸣脸一会儿红、一会儿白,觉得自己太丢人了,站在台上羞得无地自容。

　　如果你是张一鸣,你会怎么说,又会怎样做?

情景分析

　　张一鸣的勇气可嘉,但是他缺乏现场应变能力和即时性口述能力,同时语言驾驭能力也有限,才使得自己处于尴尬境地。

知识链接

（一）讲述的本质

讲述是一种独白式的口语沟通，以口头叙述为基本表达方式，以事物的发展变化或人物活动经历为主要内容。除了以叙述为主要表达方式外，还可以借助于说明、议论、描写、抒情等方式来丰富所要介绍的内容。

（二）讲述的特点

1. 记述性

讲述是把自己的所见所闻有条理地叙述出来，让听众明白在何时、何地发生了什么事情，也就是说，要把时间、地点、人物、事件、前因、后果这六要素交代清楚。

2. 单一性

由于讲述是一种与听众面对面的沟通，所以在表达过程中不适合表达那些事件复杂、人物众多的内容，一般是单线的发展，即围绕一人、一事组织材料。

3. 情感性

讲述的内容一般是能与听众产生共鸣的事件，这使得讲述者在讲述过程中带有自己的主观感受，或是直接抒发，调动听众的激情；或是把自己的情意渗透在字里行间，让听众在不知不觉中受到感染。

（三）讲述的种类

1. 即时性讲述

即时性讲述，是把眼前发生的事情或活动着的人物讲述出来。例如，在广播中听到的现场报道就是这一类。这类讲述要求讲述者要有敏锐的观察力和非常强的语言驾驭能力。在整个讲述过程中，要抓住事情的发展进程，抓住听众最为关心的因素，尽可能与事情的进程同步，把事情的最新动态、变化及时地讲述出来，使听众如临其境。

2. 回忆性讲述

回忆性讲述，就是把自己感知的信息加以理解、加工、整合，然后再根据一定的语境要求，将这些材料用口语表述出来。内容可以是自己亲身经历过的事、听别人讲述过的事，或从报纸、杂志等刊物上获取的信息。讲述方式可以是详细地讲,也可以是简略地或摘选地讲。无论是哪一种方式,一定要按照一定的逻辑顺序把事情的前因后果及整个过程交代清楚。在口述过程中,可以运用最佳的表达方式,形象地再现听众最感兴趣的内容。

（四）讲述的基本要求

1. 交代清楚

交代清楚是讲述最基本的要求。可从以下两个方面入手。

① 要交代清楚何人在何时、何地发生了什么事情,使听者对事件有清楚、全面的了解。

② 要交代清楚讲述的思路。这个思路就是所讲述的材料的线索,或是以时间的推移为线索,或者是以空间的转移为线索,或者是以人物的活动为线索。无论是哪一类线索,都要清楚分明。

2. 详略相宜

由于讲述的目的、内容不同或者受特定场合的限制,讲述者应采用不同的讲述方式。如果听众感兴趣的程度比较高,那么就需要讲述者进行再现式的讲述;如果听众只需要提纲挈领的了解,那么就可以用简略式或者是摘选式的讲述。

3. 生动形象

讲述应当是形象的再现,所以在讲述过程中,要求讲述者把自己的思想感情融入其中,让听众有如闻其声、如见其人、如临其境的感受。

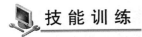

技能训练

（一）寻人启事游戏

1. 目标

① 尝试描述自己的容貌特征、兴趣爱好、性格倾向、家庭状况等。

② 学会根据他人的描述,捕捉尽可能多的信息,通过自己的视角观察他人。

2. 要求

请描述一个人,通过你的描述,让大家猜出你描述的是谁。注意要抓住特征,表达准确。

（二）口耳相传游戏

1. 目标

培养良好的听说习惯和口语交际能力。

2. 要求

传话时要认真听,注意记住别人说话的内容,并口齿清楚地把话传给下一个人。

3. 规则

① 按顺序向后传,最后一名同学将听到的内容写在黑板上。

② 传话时的音量以两个人能听到为标准。

③ 速度快、准确性高的队获胜。

(三)讲述训练

① 迅速阅读下面的材料,然后进行讲述。

卫国有一个地方的大臣,暗地里制造了很多兵器准备叛乱,这种情形被路过此地的孔子看到了,于是就准备前往卫国揭发这件事情。结果这个大臣知道后,立即派大军把孔子等一行人团团围住,然后就跟孔子说:"你对天发誓,绝对不能把这件事讲出去。"孔子情急之下,就对天发誓:"我绝对不把这件事讲出去。"因为他们知道孔子是有学问的人,定会言出必行,所以军队就撤退了。目送着军队走远之后,孔子马上说:"快走,我们去卫国。"子路听到此言很不高兴,说:"先生,您怎么能言而无信呢?"孔子就跟子路解释说:"一个人在被要挟之下的信用,可以不用遵守。信用要跟仁义配在一起,信义信义,对于正义的事情你才要守信,所以要灵活运用。而且假如我不去揭发,将会让一个国家的人民遭受灾难。我一个人受难没关系,我一个人背信没关系,但不能够让那么多人民受灾难呀!"

② 请讲述一件你最高兴的事。

在当今这个信息社会，每个人面对的信息量急剧增多。如何高效地传递重要信息，既是形势所迫，也是人际交往的必然要求。解说作为单向交流的一种方式，在公私事务中越来越多地受到重视。良好的解说技巧将帮助我们在工作中轻松应对各种挑战，是我们职业生涯快速发展过程中不可或缺的技能。

 情景描述

阿尔伯特·爱因斯坦曾经做过一个广为人知的比喻："一位先生和一位漂亮女孩在一起待上一小时，他会感觉像一分钟；但如果让他在火炉子上待一分钟，他会感觉比一个小时还长。这就是相对论。"

虽然一些学者不赞同，但是这个比喻也许可以解释爱因斯坦的另一句箴言："如果我们预先就知道事情的结果，那就不能称之为研究，不是吗？"

此后，爱因斯坦还对无线通信有过"滑稽"的解释："无线电报并不难理解。普通电报就像一只非常长的猫，你在纽约扯它的尾巴，它就在洛杉矶'喵喵'直叫。无线电报也一样，只是没有猫。"

情景分析

当我们费尽唇舌地想要向别人说清楚某个对象的时候,解说方式和技巧往往决定我们解说的成败。从某种意义上讲,没有最好的解说,但一定有最适合的解说。阿尔伯特·爱因斯坦的解说对学者们来说也许过于调侃,但对于想要约略知道相对论和无线电报为何物的人们来说,则是再合适不过了。

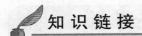 知识链接

(一) 解说的概念及特点

1. 解说的概念

人们通过口头表达来解释、说明事物的沟通形式就是解说。

解说的内容涉及事物的性质、状态、构造、特征、功用、成因、原理、发展以及事物间的相互关系等。

2. 解说的特点

(1) 结构形式的统分性。由于解说是针对画面、实物、场景的具体内容而组织的,因此在结构形式上可统可分。所谓"分",即各个画面或场景的解说具有相对的独立性,如展览会的解说通常采用这种组织形式。所谓"统",即围绕中心,按时间或空间转换的顺序将各个画面、各个景点的内容组织成完整的解说。

(2) 表达方式的多样性。解说这种沟通形式,依赖口头表达,需要叙述、议论、描写、抒情等多种表达方式的综合运用,说明是其中最为重要的表达方式。当然,对于不同类型的解说,其侧重点是不同的。对展览会上的实物、图片的解说一般以说明为主;对风景旅游点的解说一般以说明和描写为主;对有些电视新闻片的解说以概括性叙述为主。

(3) 语言表述的可听性。解说的目的是使人了解事物的性质、状态,明了事理、缘由,给人以知,授人以用,因而其语言必须注重可听性。一方面要尽量通俗明白,让人一听就懂;另一方面要努力做到生动形象,让人喜欢听。受口语表达特点的制约,解说很难像说明性文章那样可以把复杂的事物、深奥的事理介绍得一清二楚,因而一般只能把比较浅近易懂的事物或事理作为对象。

（二）解说的种类

解说分为独立型解说和辅助型解说两大类，即可以结合外物进行的解说和无所依托的解说。

1．独立型解说

在不借助外物的情况下所做的解说叫独立型解说。它需要独立承担向听众全面、具体、详细地传播和介绍知识，讲授事理的任务。在这种沟通场合下，听众对事理的认识完全依赖于解说。

独立型解说一般有下列两种。

（1）对具体事物的解说

具体事物又分为有形事物和无形事物两种。

① 对有形事物进行独立型解说。由于听者无法直接感知解说对象，解说者就尤其应当把自己看到的事物的结构、形状、色彩等介绍清楚，重点说明"事物是什么样的"，要尽可能地把事物形象再现在听者面前。

② 对无形事物进行独立型解说。无形事物有很多，如空气、电荷、某种心理等。这类事物比有形的事物抽象难懂，所以解说难度大。在运用独立型解说介绍这些事物的时候，要努力化无形为有形，变抽象为具体。

（2）对抽象事理的解说

事理，包括事物的成因、原理、规律等。解说事理，重点在于说明事理"是什么"，以及"为什么"。在进行这种解说的时候，要注意既让人知其然，又让人知其所以然。

2．辅助型解说

辅助型解说是指解说者和听众同在一种场合认知外物的时候，为了加深听众对事物的认识、理解而做的解说。

辅助型解说的应用十分广泛，常见的有以下几种。

① 导游及展览解说。游览山水名胜或参观展览时主要依靠视觉，然而有些景观对象仅仅依靠视觉往往无法领略其意义，这就需要导游及时进行解说。进行导游解说，必须注意两点：一是要帮助游客观赏容易被忽略而又富有情趣和价值的景观对象，成为游客视觉观赏的真正向导；二是要着重介绍与景观对象相关联的传说、典故等人文知识，以彰显景观对象的丰富内涵，帮助游客实现多维度欣赏。

② 屏幕及演示解说。无论是为了突出所播放的图像的主要内容，还是要介绍需结合人物示范性的动作讲解的知识，都少不了此类解说。它可以帮助观者领悟

其中的奥妙,以获得更为深刻的感受。在内容上,要使解说成为图像显示和演示内容的补充;在形式上,要紧扣画面和演示环节进行解说。

③ 广播及音乐解说。这是为了帮助听众更好地欣赏所播的影剧录音和音乐作品等而做的解说。听广播或音乐时,只能靠听觉去感知。为了避免理解的差异性,对相关作品的作者、创作背景、主题、环境、动作等内容要加以解说,让听者有身临其境之感。在此基础上,引导听众进行定向的想象和联想,帮助听者更深入、全面地理解、欣赏作品。

(三)解说的基本要求

1. 紧扣要点

要想紧扣内容要点,离不开对沟通环境的探究,至少要弄清楚沟通对象、沟通目的和沟通内容等要素。

① 明确沟通对象。要了解沟通对象的相关情况及对所解说事物的情况,这是紧扣解说重点的首要依据。俗话说"内行看门道,外行看热闹",解说必须针对不同对象来进行,才能确定内容要点,做到多、快、好、省。

② 明确沟通目的。就是要明确解说的目的。对同一事物进行解说,目的不同,解说的重点自然也就不可能相同。同样是解说冰箱,对于热带、亚热带地区的顾客,要突出其冷冻和冷藏功能;而对于寒带地区的顾客,则要突出其保温和保鲜功能。

③ 明确沟通内容。每种事物都有区别于其他事物的个性特征。只有抓住特征,才能让人们确切地了解所解说的事物。这就要在解说之前对所解说的事物做一番深入细致的观察、分析、研究,达到融会贯通、烂熟于心。

2. 组织有序

解说的组织顺序和说明文一致,包括时间顺序、空间顺序和逻辑顺序三种。

① 时间顺序,就是按照事物产生、发展、运动、变化的先后次序划分阶段,依次介绍。对体育运动现场、生产流程、历史变迁等内容的解说适合用这种组织顺序。

② 空间顺序,就是选取合适的立足点,按照事物的方向或位置来介绍。可以是从上到下,从左到右,从前到后,从外到内,由远及近,从中间到四周,从整体到局部……对景点、建筑物等内容的解说,常按这种顺序组织。

③ 逻辑顺序,就是按照事物内在的逻辑关系来解说。或总分有序,或主次有别,或并列,或递进,或由因及果……解说事物的成因、工作原理等,常按这种顺序组织。

3. 方法得当

既然解说的主要表达方式是说明，那么不妨借助常见的说明方法来解说事理。

常见的说明方法有举事例、分类别、列数据、做比较、画图表、下定义、做诠释、打比方、摹状貌、引资料十种。解说时要根据说明对象的特点及解说目的，选用最佳方法。

做比较——突出被解说对象的特征；列数据、举事例——使解说内容具体化；打比方、摹状貌——使解说生动、形象；下定义——准确揭示事物的本质特征；做诠释——用通俗的语言进行解释说明；引资料——使解说内容更充实，增加说明的趣味性和权威性；分类别——使解说条理清晰，又不失严密细致。

4. 语言简明

解说的目的在于传播、介绍知识，语言准确、简明是必须的。这就要求解说者尽量运用听者喜闻乐见、易于接受的口语，对深奥、抽象的事物（事理）要多用比喻等生动形象的解说方式。

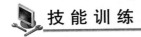 **技能训练**

（一）范例赏析

黄山导游的解说

"五岳归来不看山，黄山归来不看岳。"亲爱的游客朋友们，现在我们来到了迷人秀丽的黄山。黄山与黄河、长江、长城齐名，成为中华民族的又一象征。

唐代时，传说古代轩辕黄帝曾在这里修真炼丹，得道升天，于是在天宝六年（公元 747 年），由唐玄宗亲自下令，改名为黄山。黄山巍峨挺拔，雄奇瑰丽。古人评它"具有泰岱之雄伟、华山之险峻、衡岳之烟云、匡庐之飞瀑、雁荡之巧石、峨眉之清秀"，"集天下奇景于一体"。难怪明代大旅行家徐霞客在游罢黄山后，发出了"五岳归来不看山，黄山归来不看岳"的赞叹。黄山有如天造的画境，她没有富丽堂皇的庙宇，也没有宏伟壮观的禅院宫观，全凭自己毫不雕饰的天姿国色。

黄山是一座综合峰、石、松、云、泉等各种罕见景观的风景区，这里春、夏、秋、冬四季景色各异，无愧"人间仙境"之美誉。明代地理学家徐霞客曾赞叹"薄海内外无如徽之黄山，登黄山天下无山，观止矣！"黄山山体伟特,玲珑巧石,万姿千态。誉称"天开图画",以伟、奇、幻、险著称。风景区内重峦叠嶂、争奇献秀,有千米以上高峰77座。三十六大峰,巍峨峻峭;三十六小峰,峥嵘秀丽。"莲花"、"光明顶"、"天都"三大主峰,均海拔1800米以上,鼎足而三,高耸云外,称为"三天子都"。黄山"前山雄伟,后山秀"(陈毅语),而平天虹是前山与后山的分界。黄山是峰之海、云之海,全山共分五海,即北海、前海、西海、东海和天海。黄山美在奇松、怪石、云海、温泉"四绝"。遍布峰壑的黄山松尤其独领风骚,百龄以上的古松数以万计,著名的有迎客松、送客松、卧龙松等31棵。黄山巧石有名可指的也有120多处,著名的石景有金鸡叫天门、松鼠跳天都、猴子观海等。黄山云海气象万千,温泉水质清纯,可饮可浴。山中林木茂密,古树繁多,森林覆盖率达86.6%,有植物近1500种,动物500多种。黄山有丰富的原生植物种质资源和野生动物资源。丰富的水资源尤添黄山之魅力。壮丽的云海奇观堪称一绝。我想,这么美丽的地方大家一定不忍心破坏吧!

有兴趣的朋友,还可以去看看凿在山岩上的诗句,体验诗人情韵,赏读天下美景。

好了,游客朋友们,接下来就让我们亲身去体验一番吧!

【简析】

这篇导游解说词是对黄山总体情况的解说,重点突出,层次清楚,语言流畅,文字简练,并采用引用、比喻等多种修辞方法,给游客以憧憬,使得游客能在短短的时间里对黄山有更多更深的体味。

【问题】

你该怎样向外地亲友、客户介绍自己的家乡呢?

(二) 故事与启示

十二生肖——祖先对我们的期望和要求

有一次,一群中国人参加接待一个由欧洲贵族组成的参访团的活动。这些贵族中的大多数跟王族有亲戚关系,非常有学问和修养,待人彬彬有礼,但他们的修养背后隐藏着一种傲慢。最后一天聚餐,可能酒喝多了,这些贵族的言谈举止变得比较率性。席间,一位德国贵族站了起来说:"你们中国人,怎么属什么猪啊,狗啊,老鼠啊! 不像我们,都是金牛座、狮子座、仙女座……真不知你们祖先怎么想的!"众人听了哈哈大笑,还互相碰杯,先前的优雅完全不见了。

按理说,人家在骂你的祖宗了,你即使想不出话反击,起码可以掀桌子啊！但是,所有在场的中国人都不吭声,也可能是没有反应过来。这时有一个中国人站了起来,用平和的语气说:"是的,中国人的祖先很实在。我们十二生肖两两相对,六道轮回,体现了我们祖先对我们的期望和要求。"这时,现场气氛慢慢安静了下来,不过,贵族们的脸上还是一副满不在乎的神情。

那个中国人说:"第一组是老鼠和牛。老鼠代表智慧,牛代表勤奋。智慧和勤奋一定要紧紧结合在一起。如果只有智慧,不勤奋,那就变成了小聪明;而光是勤奋,不动脑筋,那就变成了愚蠢。这两者一定要结合。这是祖先对我们第一组的期望和要求,也是最重要的一组。

第二组是老虎和兔子。老虎代表勇猛,兔子代表谨慎。勇猛和谨慎一定要紧紧结合在一起才能做到胆大心细。如果勇猛离开了谨慎,就变成了鲁莽;而谨慎没了勇猛,就变成了胆怯。这一组也非常重要,所以,"中国人看着这些贵族,补上一句:"当我们表现出谨慎的时候,千万不要以为中国人没有勇敢的一面。"

看着大家陷入沉思,中国人继续说。

"第三组是龙和蛇,龙代表刚,蛇代表柔。所谓刚者易折,太刚了容易折断,但是,如果只有柔的一面就易失去主见,所以,刚柔并济是我们的祖训。

接下来是马和羊,马代表勇往直前,羊代表和顺。如果一个人只顾自己直奔目标,不顾及周围环境,必然会和周围不断磕碰,最后不见得能达到目标。但是,一个人只顾及和顺,他可能连方向都没有了。所以,勇往直前的秉性,一定要和和顺紧紧结合在一起,这是祖先对我们的第四组期望。

再接下来是猴子和鸡。猴子代表灵活,鸡定时打鸣,代表恒定。灵活和恒定一定要紧紧结合在一起。如果你只灵活,没有恒定,再好的政策也得不到收获。一方面具有稳定性,保持整体和谐和秩序;另一方面又能在变通中前进,这才是最根本的要旨。

最后是狗和猪。狗代表忠诚,猪代表随和。如果一个人太忠诚,不懂得随和,就会排斥他人。反过来,一个人太随和,没有忠诚,这个人就会失去原则。无论是对一个民族的忠诚,还是对自己理想的忠诚,一定要与随和紧紧结合在一起,这样才容易保持内心深处的平衡。"

解释完毕,中国人说:"最后,我很想知道你们的宝瓶座、射手座等星座体现了你们祖先对你们的哪些期望和要求,希望赐教。"

这些贵族们很长时间都没有说话,全场鸦雀无声。

【问题】

对于十二生肖的解说,你觉得令人信服和赞叹的关键是什么?说说你的体会。

(三)情景模拟

1. 目标

(1)训练解说的技巧。

(2)体验多种表达方式在解说过程中的综合运用。

2. 范例

(1)讲故事、说来由

皮鞋的来历

很久很久以前,人类都还赤着双脚走路。

有一位国王到某个偏远的乡间旅行,因为路面崎岖不平,有很多碎石头,刺得他的脚又痛又麻。回到王宫后,他下了一道命令,要将国内的所有道路都铺上一层牛皮。他认为这样做,不只是为自己,还可造福他的人民,让大家走路时不再受刺痛之苦。

但即使杀尽国内所有的牛,也筹措不到足够的皮革,而所花费的金钱、动用的人力,更不知多少。虽然根本做不到,甚至还相当愚蠢,但因为是国王的命令,大家也只能摇头叹息。

一位聪明的仆人大胆向国王提出建言:"国王啊!为什么您要劳师动众,牺牲那么多头牛,花费那么多金钱呢?您何不只用两小片牛皮包住您的脚呢?"国王听了很惊讶,但也当下领悟,于是立刻收回成命,采用了这个建议。据说,这就是"皮鞋"的由来。

(2)析哲理、谈启示

想改变世界,很难;要改变自己,则较为容易。

与其改变全世界,不如先改变自己——"将自己的双脚包起来"。

改变自己的某些观念和做法,以抵御外来的侵袭。

当自己改变后,眼中的世界自然也就跟着改变了。

如果你希望看到世界改变,那么第一个必须改变的就是自己。

心若改变,态度就会改变;态度改变,习惯就会改变;习惯改变,人生就会改变。

3. 形式与要求

请仿照"范例"讲一则故事,说明某事物的来由,并分析其中的哲理。

分组进行,可以三人一组,其中一人讲故事,一人说启示和哲理,另外一人进行补充和评价,每个角色都轮流扮演。

【提示】

此项训练的内容需要学生提前准备。

单元三　评　说

评说，品评论说之意。在日常生活中，好友相聚，难免被追问、点请高见，或是点评时事，畅叙古今。所以，我们应学会如何去评说。恰当得体的评说，既是有文化素养的体现，也是有道德修养的见证。

情景描述

> 一天，小张参加同学聚会，大家多年不见了，所以都有说不完的话。同学们谈兴正酣，突然，班长问道："小张，你说说今年在北京举办的奥运会的开幕式怎么样？"小张突然被问，愣了一下，说了一句："挺好，"便没下文了。同学们尴尬地相互看了看，没再说什么。心里想，毕业这么多年了，小张的说话水平怎么一点也没有长进啊！

如果遇到这种情况，你该怎样回答？

情景分析

小张有可能不擅表达，或者是不知道如何表达。但是在日常生活中，小张如果总是这样，难免会让人以为他性格孤僻，或者是认为他不愿意与人交往，久而久之，就会对他的生活造成不良影响。所以，不善言辞并不是优点，有时会让人觉得这是无能的体现。小张的这种情形，只要下定决心多加练习，懂得了如何去评说，就一定会有所改变的。

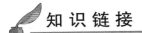 知识链接

(一)评说的本质

评说是指说话者对客观事物所作的口头评论,既包括有准备的成篇的论述,也包括无准备的只言片语。在日常生活中,常用的是后者。

评说,作为一种独白式的沟通方式,可以借助口头和书面两种方法,运用叙述、说明、描写、抒情等多种表达方式来表达对客观事物所作的评价和指点,主要目的是晓人以理。

(二)评说的种类

1. 主动性评说

主动性评说就是说话人有感于某一客观事物而自动进行的评说。这种评说缘于说话人有感于客观事物而产生的不能不说、不说不痛快的欲望,评说时注意要有理智、不能冲动,措辞要严谨。

2. 被动性评说

被动性评说就是评说者本来不想去评说,由于被人追问或点请,无法回避、拒绝而进行的评说。

无论是哪一种评说,都要了解和掌握评说的方法和技巧,这样才能不使自己处于尴尬境地。

(三)评说的要求

(1)观点明确。要针对所提供材料,旗帜鲜明地提出自己独到的见解(观点),反对什么,贬斥什么,都要清清楚楚,明确阐述自己对于评论对象的观点或主张。

(2)有的放矢。评说时要评在"点"上,选好角度,准确集中,不要脱离实际,回避矛盾。提出的观点要有助于解决问题。

(3)真实性和科学性。评说以说理为主要手段。要针对所给的材料,客观理性地分析论述;说理公正、辩证,不说空话、大话、假话,要通情达理,力戒情绪化言论。

(4)以理服人,立意有深度。阐释以理,层次分明,导向鲜明,事理清晰,鞭辟入里,发人深省,切忌凭空漫说。

(5)讲究艺术性,评得生动。言简意赅,干净利落,具有很强的说服力和感染

力；语言形象有文采，新颖且鲜明生动，给人以赏心悦目之感。

（四）评说的方法

（1）懂。即听懂提问者的话或是读懂材料，透彻理解问题或是材料所蕴涵的精神实质。透过内容表层，抓住内容深层价值及精神实质。

（2）立。立意亮点。在对材料本质有了准确、完整的认识的基础上，确定感点，对材料进行正确判断，提炼观点态度。

（3）切。找准切入点。也许可评论的方面非常多，但是不可面面俱到，点评时千万不要贪多求全。要找准切入点，针对问而答。

（4）点。评在"点"上。要抓住"点"字，点到为止，点出要害，语言简洁、明确、生动、有力。做到构思合理，论点鲜明，言之有理，逐层推进，收束自然。

（五）评说的思路

评说的思路是：引用材料→分析材料→联系实际说理→结论。

阅读下面的材料并进行评说。

> 2010 年 10 月 16 日晚 21 时 40 分许，在河北大学新区超市前，一辆牌照为"冀 FWE420"的黑色轿车，将两名女生撞出数米远。被撞一陈姓女生于 17 日傍晚经抢救无效死亡，另一女生重伤，经紧急治疗后，方脱离生命危险，现已转院治疗。肇事者口出狂言："有本事你们告去，我爸爸是李刚。"事件发生不久，有人在网上上传了歌曲《我爸是李刚》，这首歌改编自小沈阳那首《我叫小沈阳》：横行路中央，轿车轻飞扬，黄土地养育了咱那霸道的爹娘……我爸叫李刚，大名鼎鼎的李刚，李是李世民的李啊，刚是金刚的刚……这首歌刚一挂到土豆网上，点击率迅速上万，被无数网友转载。

【评说】

对于《我爸是李刚》网络歌曲的流行（引用材料），我们认为是很多人的"造句行动"，看似幽默搞笑的背后，其实是人们自发形成的对权力阶层的一种声讨，他们的行为表现出对权力阶层的痛恨（分析材料）。如今李刚现象屡见不鲜，如果这种恃权自傲的现象不能被制止，后果是不堪设想的（联系实际说理）。然而，正义最终是能战胜邪恶的，2011 年 1 月 30 日，河北保定李启铭交通肇事案一审宣判，李启铭被判 6 年。这也证实了那句话："天网恢恢，疏而不漏"（结论）。

技能训练

① 有些高中生在上学、放学时仍由家长接送。针对这种现象，请进行评说。

【提示】

赞成者的理由可从节省时间、保障安全、增进亲情等方面入手。

② 请点评下面这则新闻。要求：见解独到，是非分明，不超过50字。

　　某年7月1日晚，著名程派青衣张火丁在演唱《江姐》最后一幕的"红梅赞"时，突然咳嗽了几声，有两句唱腔没有完整地唱下来。演出结束后，张火丁深深地向观众鞠了一躬，哽咽着说："我对不起大家！请求大家原谅！"随后，她招呼准备离场的乐队回座，坚持把没有唱完整的"红梅赞"再唱一遍。当张火丁"补唱"完这段长达8分多钟的"红梅赞"后，观众全部起身站立，鼓掌声持续了5分钟之久。

【提示】

张火丁为失声而鞠躬道歉，体现了当今社会弥足珍贵的稀缺品格：对观众的尊重，对艺术的尊重。

③ 迅速阅读下面两则材料，然后进行评说。

材　料　一

　　2007年5月，深圳，年过六旬的欧阳先生走在家门口的人行道上，莫名其妙被一辆倒退的轿车撞倒。他爬起来与肇事司机理论，反被司机钱某诬蔑偷车，继而遭到拳打脚踢，欧阳先生坚持要求一同去医院，并试图坐上车，但被钱某强行推开。小区保安、巡防员和业主们围了过来，司机开始跟围观者"解释"说，欧阳先生想撬他的车，这种人就该打，并扬手掌掴，将他打得满脸是血，围观者试图上前劝阻。钱某威胁说，谁插手就找谁赔车，巡防员和小区保安也无所适从。凶手在20分钟内采用掌掴耳光、脚踢胸腹部等手段对老人施虐，并最终将老人按倒在地，还要他当众跪下承认"偷车"。面对围观者的指责和民警的调查，凶手还振振有词地称是"在教训偷车者"。

材　料　二

　　受助一年多，没有主动给资助者打过一次电话、写过一封信，更没有一句感谢的话，襄樊5名受助大学生的冷漠，逐渐让资助者寒心。2007年8月中旬，襄樊市总工会、市女企业家协会联合举行的第九次"金秋助学"

活动中,主办方宣布:5名贫困大学生被取消继续受助的资格。一年多来,部分受助大学生的表现令人失望,其中2/3的人未给资助者写过信,有一名男生倒是给资助者写过一封短信,但信中只是一个劲儿地强调其家庭如何困难,希望资助者再次慷慨解囊,通篇连个"谢谢"都没说。

④ 仔细阅读下面的材料,然后进行评说。

不让座的中学生

　　家住重庆杨家坪直港大道附近某小区的张民(化名)今年76岁。2007年7月的一天,张大爷和老伴带小孙子到市儿童医院看病,他上了公交车后,到最后一排坐下,把包放在旁边空座位上。这时上来一位十六七岁、身着运动装扎马尾辫的少女。她走向张大爷身边欲坐空位。张大爷说:"这里有人。"此时,张大爷的老伴抱一小孩蹒跚上车。"马尾辫"强行要坐。"这里有老人和小孩!"张大爷加重语气说。令所有乘客意想不到的一幕发生了:"啪"的一声,"马尾辫"一耳光扇在老人脸上。"你这娃儿怎么动手打人!"老人挥着拐杖气得说不出话来。见此情景,乘客们纷纷劝阻,"马尾辫"毫不理会,对老人开始破口大骂并动起了拳脚。此时,一位中年男乘客起身离座:"小姑娘,给老人让座是应该的哟!别吵了,我的座位让给你吧。""马尾辫"一屁股坐下,口中仍恶语不绝。

讲话要注意场合。不看场合、随心所欲,这是"不会说话"的拙劣表现。人总是在一定时间、一定地点、一定条件下生活的,在不同的场合,面对不同的人、不同的事、不同的目的,就应该从交际情景、氛围、场合、对象出发,对各种角色准确定位,做到讲话恰当得体,这样才能收到理想的社交效果。

情景描述

俗话说:"鸦有反哺之义,羊知跪乳之恩",这滴水之恩当涌泉相报的境界,不仅是人类的美德,而且动物界也奉行。因为有了这感恩的心,才会有这个多彩的社会;因为有了这感恩的心,才让我们懂得生命的真谛。

懂得感恩,就要从身边的小事做起。随手拾起一块垃圾;对身边的亲戚朋友真诚地说声"谢谢!"……这种心怀感恩的善举,这种充满爱意的行动,就像一颗和平的种子,把你、我、他带到了一个充满阳光的精神境界! 人生也正因有了这爱心、孝心和感恩的心而精彩起来,生动起来。

朋友们,你们有没有用真心去体验过家人的关爱、朋友的关心、老师的关注? 如果你还没有,那就静下心来去慢慢地体味吧! 有了这爱的回味,你就会用感激之心,让自己的生活更加充实愉快,让自己的人生更加美丽动人,让自己的生命充满温暖,让自己的灵魂得到升华。行动起来吧！去报答你的亲人、报答我们所生活的社会、报答所有关心爱护和帮助过我们的人，让我们的世界更加美好。

让我们永远怀揣一颗感恩之心，好好地去经营这值得经营的人生，去感谢生活中那充满芬芳的点点滴滴吧！

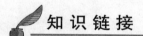 **情 景 分 析**

这是一篇题为"学会感恩，回报父母"的国旗下讲话稿，紧紧围绕学生的实际情况，号召同学们从身边的小事做起，而不是空喊口号或者做那些遥不可及的事情，加之真挚的感情，一定会点燃学生的理想之灯、精神之火。这充满激情的话语极具鼓动性和感染力，达到了理想的效果！

知 识 链 接

（一）讲话的本质

讲话是以口头议论为主要表达方式，以阐述对某个问题或事物的想法、做法、意见为主要内容，面向众人的一种独白式口语沟通样式。讲话通常运用口头形式，有时由于条件的限制，如：讲话人不能亲临，也可以用书面的形式代替，叫做"书面讲话"。但日常工作学习中常用的是口语的形式，所以一般来说，讲话仅指口头上的。

（二）讲话的特点

1. 指导性讲话

指导性讲话是为了对听者的社会实践进行指导而作的讲话。这类讲话的一个基本特点就是既有对前一时期、前一阶段工作形势的分析总结，又有对下一步工作的部署和要求。要求讲话者要有正确的指导思想、具体可行的办法以及谦逊平和的态度。

某领导到一工厂检查工作时的讲话：你们工厂自成立以来，方方面面取得了重大成绩，领导工作有方，工人干劲十足，产品远销全国各地。这是值得骄傲的地方，但是我想谈三点建议。一是要切实提高产品效益。希望你们打开思路,努力研发新产品,向科技要效益,向管理要效益。二是坚持为人民服务的宗旨。百姓是我们的衣食父母,只有心系百姓,我们才能立于不败之地。三是要注意产品的质量。现在整个社会的质量意识都很强,饮食安全人命关天,关系到我们每一个百姓的切身利益,所以一定要把好产品质量关。总之,希望大家再接再厉,争取作出更大的成绩。

这篇指导性讲话的思路:首先对该工厂的成绩给予肯定,然后是对下一步工作提出了三点要求。思路清晰,语言简洁。

2. 表态性讲话

表态性讲话是为了表明对某件事情、某个人物或某一个问题的看法而发表的讲话。要求讲话者的态度要明朗、谨慎。

　　某同学入团后,有以下的表态:今天对于我来说是一个特殊的日子,因为我可以站在这鲜红的团旗面前宣誓,由一名朝气蓬勃的少先队员成为一名光荣而富有责任心的共青团员了,这是我盼望已久的,也是让我感到无比光荣和自豪的事情。以后我会认认真真地从身边做起,从小事做起,认真完成团组织交给我的任务,我一定会用实际行动证明的,请相信我!

这篇表态性讲话,首先表达了自己的心情,然后表明了自己下一步将如何去做,态度诚恳,思路清晰。

3. 汇报性讲话

汇报性讲话是为了向众人报告思想成果而发表的讲话。这种讲话广泛应用于总结汇报以及经验、心得、学术的交流活动,是使用频率较高的一种讲话。所以,要求汇报者一要在思想上做好汇报的准备;二要明确汇报的重点;三要切实做好文字资料、接待联络、现场等的具体准备工作。

　　某一学校军训结束后,该学校领导汇报如下:
　　尊敬的领导、首长、同学们,你们好,为期七天的军训马上就要结束了。我们首先要感谢军训的全体教官,你们不辞辛苦,不畏艰苦,发扬连续作战精神为我校新生军训,你们纪律严明,军训卓有成效。其次要感谢我校各位班主任老师以及后勤工作人员,因为没有你们,我们也不可能全身心投入到军训之中。军训时间虽短,但是我们学到了不少课堂上学不到的知识,我们的脸晒黑了,人瘦了,但精神饱满了,纪律严明了,动作规范了,身体健壮了。我们的思想也起了变化,坚持训练,认真劳动,不怕苦,不怕累,可以说我们既学到了不少军事知识,又为自己增添了一份军人的气质。同学们在这七天之中受益匪浅,这就有了良好的开端,在今后的日子里,一定要把军训中学到的知识贯彻运用到学习工作中,严格遵守我校的规章制度,努力学习,自尊自爱,做一名优秀的中专生。同学们,让我们再次以热烈的掌声对领导、首长、教官表示衷心的感谢和崇高的敬意。

这篇汇报性讲话的目的明确、重点突出,学校领导站在学生的角度说出了同学们的感受,感情真挚,具有感染力和说服力。

4. 劝告性讲话

劝告性讲话是为了使人改变态度——改正错误或者接受某种意见而发表的讲话。这种讲话通过说理来使对方信服,是建立在通过说理论证来取得听众同意的基础上的。在劝告过程中对不同的人应该采用不同的说服之法。

关于网游,有关人士对学生们进行诚恳的劝告:同学们,当玩网游的时间和学习工作的时间有冲突时,你们是如何解决的?是不是有很多人无法抗拒网游的魅力而选择了游戏,此时网游对你们来说便是毒,若能很好地分配时间,玩网游或许可以释放一下你的心情。遗憾的是,你们这些青少年的自控能力并不那么乐观,因此带来很多不良的后果,让家长和老师感到心痛。或许有人说这是自己的问题,可有这样问题的人多了就变成社会问题了,不是吗?所以该不该玩网游,你们心里是很明白的。

这段劝告性讲话,语重心长,如春风般沁人心脾,不觉心动,所以是一段成功的劝告性讲话。

5. 礼仪性讲话

礼仪性讲话是为了表示礼节而在某种仪式上所作的讲话,包括祝词、悼词、答词、开幕词、闭幕词等。

(1)祝词

祝词是在婚礼、寿礼、生日庆祝、开学典礼及会议等喜庆仪式上,表示良好愿望或庆祝的讲话。此类讲话的语言一定要热情洋溢,轻松愉快,多说赞美、吉祥、庆祝的话语。

思路:祝贺的事由、意义→回顾往昔或阐述取得的成绩→提出希望→再一次祝贺(以"祝……"形式结尾)。

父母生日祝酒词

尊敬的各位领导、各位长辈、各位亲朋好友,大家好!在这喜庆的日子里,我们高兴地迎来了敬爱的父亲80岁的生日。今天我们欢聚一堂,庆祝父亲80华诞。我们的父亲几十年含辛茹苦、勤俭持家,把我们一个个拉扯长大成人。常年的辛勤劳作,在他的脸上留下了岁月刻画的年轮,头上镶嵌了春秋打造的霜花。所以,在今天这个喜庆的日子里,我们首先要说的就是,衷心感谢二老的养育之恩!

我们相信,在我们弟兄姐妹的共同努力下,我们的家业一定会蒸蒸日上,兴盛繁荣!我们的父母一定会健康长寿,老有所养,老有所乐!再次祝愿父亲晚年幸福,身体健康,长寿无疆!

（2）悼词

悼词就是在追悼仪式上对死者表示哀悼、怀念,对死者家属及亲友表示慰问的讲话。它包括主悼词和一般悼词。主悼词是由死者所在单位的领导人所作的悼词。而一般性悼词在主悼词之后,由亲友发表。这类讲话要求素服简装,表情庄重,语气沉缓,表现出对逝者的痛惜、悼念,以及对其亲属的同情、关心。

（3）答词

答词就是在某种仪式上对别人给予的奖励、祝贺、吊唁、慰问等表示感谢的话。进行这类讲话时要表现出真诚和谦逊。

思路:对来宾表示欢迎→对于大家给予的关心、支持和帮助表示感谢(成绩归功于大家的帮助)→下一步的打算→再一次表达谢意。

（4）开幕词

开幕词是指在较大规模的会议或活动开始时,由主持人或主要领导发表的带有祝贺会议(或活动)召开(或举行)和介绍会议基本情况的讲话。

思路:开会的前提依据、作用、意义,及对会议召开的祝贺→介绍与会人员,会议的意义、任务、内容、秩序→预祝大会圆满成功,取得成果。

（5）闭幕词

同开幕词的情况相似,不同之处在于闭幕词是会议(或活动)结束后的讲话。

思路:对会议的情况所取得成果进行总结→提出对今后工作的打算和要求。

无论是哪一种礼仪性的讲话,都要注意把握现场的气氛,遵照一定的程序,才能取得良好的交际效果。

（三）讲话的要求

1. 观点集中、鲜明、正确

观点正确是一切说话所应达到的基本要求,也是讲话的前提,讲话者切不可违背客观事实和规律,想什么就讲什么。观点集中是指讲话时应当只围绕一个话题,持有一种观点。讲话者抓住自己感受最深的事物、问题发表看法。鲜明是指讲话者的观点应该被明确表达出来,是赞成还是反对,都要明朗、清楚。

2. 材料真实、典型

材料真实是一切说话活动所要达到的基本要求。典型才有代表性,真实才能感动别人。

3. 说理充分、严密

讲话是通过说理来表达一定的想法、意见。说理的过程,就是运用材料证明观点的过程。所以在说理过程中论证一定要严密,不出任何破绽。

4. 组织清晰合理

讲话的主体通常由开头、中间、结尾三个部分组成。开头部分往往提示活动的性质、意义,概括讲话的主旨,以引出话题。中间部分围绕主旨进行阐述、分析,反复强调讲话的主旨。结尾部分或总括全篇,得出结论;或表达希望,发出号召;或交代任务,提出建议……但都要能收住全篇,突出主旨。整个讲话,应当针对听众的接受心理,按轻重缓急安排好先后,处理好详略。

 技 能 训 练

① 二十年后的某一天,中专同学和班主任老师欢聚一堂,又恰逢恩师六十华诞,请你代表所有同学在恩师寿宴发表祝酒词。

思路:相聚事由→追忆往事→庆祝恩师华诞。

② 学校将举办主题为《生命之歌》的一台晚会,如果你是主持人,请你写一篇这台晚会的开幕词。

思路:对与会来宾的谢意→阐述此次晚会的目的和意义→预祝大会圆满成功。

③ 某同学上课经常玩手机,不认真听课,不但影响了自己的学习成绩,而且还造成了不良影响,请你对他进行劝告。

④ 经过党组织的多年考验,李红今天终于光荣地加入了中国共产党,成为一名光荣的党员,请你模仿她在党员大会上的表态性讲话。

⑤ 在中专学习的第一学年结束了,请你向父母汇报一下在学校的工作和学习情况。

单元五　演　讲

演讲是人类语言交流的重要形式。古今中外,许多名人以自己激情四射的演讲感召和鼓舞着广大民众,将自己的事业推上了巅峰。日常生活中的方方面面都少不了演讲。演讲是一座桥梁、一种智慧、一样武器。

情景描述

小金今天心情特别不好,原因是今天他参加学生会竞选落选了。

小金在班级里学习成绩突出,对工作尽职尽责,就是不愿意当众讲话,只要一想到演讲,手脚就会出汗,脑子里一片空白。为了锻炼他,老师让他在班级里担任班长,并建议他参加竞选到系部学生会里工作。可是今天他在竞选过程中,由于过度紧张而中途停了下来,最后没能入选。

请想想怎样才能让小金的演讲水平提高呢?

情景分析

演讲是我们常常会遇到的一种特殊的沟通形式,也是很多人感到棘手的一件事情。小金今天的表现让人失望,这与他的成长经历有关。从小生活在单亲家庭里,由于父亲工作繁忙,平时很少与他讲话;

在学校里他也不愿意和同学沟通,更不懂得如何去演讲。如果他能从根本上认识到自己这个缺点的危害,遵循一定的步骤、方法,平时多加训练,这种情形就能够有所改善。有些成功人士,虽然在语言表达上欠佳,但是经过刻苦训练,成为著名的演讲家。例如,从小口吃的丘吉尔,勇于挑战自己,最后成为英国的首相,他富有激情的演讲曾鼓舞了千千万万的人。

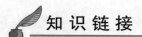 **知 识 链 接**

(一) 演讲的本质

所谓演讲,是指在特定的时空环境中,以有声语言和相应的体态语言为手段,公开向听众传递信息,表述见解,阐明事理,抒发感情,以期达到感召听众的目的。

美国戏剧导演乔治·科汉曾说:"你无论做什么,孩子,都要将它包装一下。"这不是一种迎合,而是从心里升起的一种尊重。演讲成功的关键不在于你讲什么,而在于你怎么讲,这取决你对语言和非语言这两种符号的驾驭与使用。

1. 语言

语言是演讲者交流思想、传递信息、表达情感的基本工具,要求演讲者在吐字、重音、节奏、语调、停顿、句式等表达技巧方面运用自如。好的演讲者应该深刻地理解语言的意义,知道如何准确、清晰、生动、合适地选择与组织语言。

演讲的语言有其自身的特点,主要体现在以下几个方面。

(1) 准确性

准确,是指演讲稿使用的语言能够确切地表现讲述的对象——事物和道理,揭示它们的本质及其相互关系。准确清楚是对演讲者的最基本的口语表达要求,如发音准确,吐词清楚,适合演讲的主题、场合与听众,能够确切、清晰地传达演讲者所要呈现的思想和事实。一个演讲者无论他讲什么内容(政治、军事、教育、艺术、学术等)都要使听众听得懂他的意思,做不到这一点,其他的准备、努力、心血都是白搭。只有做到准确,演讲才能为听众所接受,达到宣传、教育、影响听众的目的。

(2) 简洁性

演讲稿不在乎长,而在乎精。演讲是用口语面对面地说理,不能像书面语那样写几万字乃至几十万字,也不能像书面语那样论证严密。因为句子太长,严密倒是严密,但是听众的听力跟不上,不容易连起来理解、掌握句子的整个意思。所以一定要用最少的语言表达出最多的内容。

（3）通俗性

通俗易懂，是演讲语言的一个特点，即用听众熟悉、能马上理解的语言，把要讲述的内容，用浅显明白的话语表达出来。因此不要卖弄文采，故弄玄虚，避免引用不好理解的古文和诗词，避免过多使用专业术语和学术名词。总之，语言要明朗化、浅易化、大众化。许多著名的演讲学家都是非常注意这一个特点的。

（4）真诚性

语言大师老舍说得好："我们的最好的思想，最深厚的感情，只能被最美妙的语言表达出来。若是表达不出，谁能知道那思想与感情怎样好呢？"演讲要能说服人，启迪人，但也要能感染人，打动人。要使听众听了你的演讲产生激动、兴奋、共鸣。不仅心服，而且心动；不仅认识有所提高，而且还愿意拿出行动。只有演讲的语言情真意切，才能做到这些。广为流传的大师们的演讲，都是既有丰富深刻的思想内容，又有生动感人的语言。怎样使语言生动感人呢？一是用形象化的语言，运用比喻、比拟、夸张等手法增强语言的形象色彩，把抽象化为具体，深奥讲得浅显，枯燥变成有趣。二是运用幽默、风趣的语言，增强演讲稿的表现力。这样，既能深化主题，又能使演讲的气氛轻松和谐；既可调整演讲的节奏，又可使听众消除疲劳。三是发挥语言音乐性的特点，注意声调的和谐和节奏的变化。

2．非语言

人们在演讲过程中有时候会借助非语言来弥补言语上的局限，或对言辞的内容加以强调，使自己的表达效果更充分、更完善。

（1）面部表情

在整个演讲表达过程中，要保持微笑的表情，但是为了配合演讲内容，你的面部表情应当有所变化，或庄重、或喜悦、或悲伤、或愤怒等，注意所有表情要落落大方、自然得体、由衷而发，而不应该是矫揉造作、生硬僵滞的。同时，为了吸引观众的注意力，别忘了用目光与听众进行交流。

（2）手势语

手也会说话，手是人的第二副面孔，在演讲中，手势有着不可低估的作用。恰当地运用手势，对于加强口语的语势，补充口语的不足，表现演讲者的体态形象，增强演讲的说服力和感染力都有着重要作用。手势语可以借助手指、手掌、拳头、手臂的动作来完成。但是手势动作必须遵照一定的原则：雅观自然、适宜、适量、简练、因人制宜。对于在什么情况下用什么手势及做什么动作，是无法确定的，全靠自己摸索、模仿。此外以下一些手势动作切忌在演讲中出现：拍桌子、拍胸脯、拍手掌、拳头对听众、手指向听众指指点点、双手插入口袋、背着手、双手交叉在胸前、双手叉腰、双手乱动或乱晃、挠痒痒、抠鼻子、揉眼睛、抓耳挠腮、摆弄衣角或纽扣、乱动话筒、拿桌上的东西、反复用手摸头发等。

（3）移动

移动的目的有以下两个。

① 接近你的听众——因为你越接近你的听众,就越能调动他的参与性。

② 使每个听众和你保持相等的距离,不要让离你近的人就始终离你近,距你远的就始终距你远。

移动的目的正是让每一个人都能和你保持相等的距离,在演讲之前,你要观察座位摆放,然后有目的地在不同的地方表达、介绍,使每个人和你的距离保持相同,这样更能增强你同每个听众都有同样的热情和亲切感。

（4）姿势

站姿在演讲的过程中非常重要,专业的站姿就是两脚与肩同宽,脚尖朝前。你在任何地方,都是如此。

（二）演讲的种类

① 按内容分:政治演讲、学术演讲、管理演讲、交际演讲。

② 按形式分:命题演讲、即兴演讲、论辩演讲。

③ 按风格分:激昂型、深沉型、严谨型、活泼型。

（三）演讲的目的

总体来看,演讲的目的可以分为以下七类。

① 说服听众采取某些行为。

② 传达希望听众了解的信息。

③ 针对特定听众的要求提供信息。

④ 为有争议或挑战性的观点提供讨论平台。

⑤ 了解人们对某种情景或观点的反应。

⑥ 争取听众的参与及合作。

⑦ 使听众参与问题解决方案的制定。

（四）做好演讲前的准备

"凡事欲则立,不欲则废",演讲之前要做好充分的准备,包括心理上准备和实际操作上的准备。

1. 心理上的准备

演讲心理指的就是演讲者对演讲实践这个客体的反映和感受,是演讲者在进行演讲实践时所必然产生的心理活动和必然经历的心理体验过程。

演讲者可以用以下方法克服心理上的障碍。

首先,要明白演讲不是无病呻吟,也不是哗众取宠,而是让大家懂得如何去追求真理。所以,不论你的演讲是否成功,没有人会刻意地记住你的表现。

其次,不怕出丑,敢往最坏的方面想。越怕出丑就越容易出丑,不怕出丑,你反而离成功更近。不妨记住这两句话:

——"有勇气站在大家面前献丑,就有希望成功了。即使失败多次也无须在意,仍然重新开始,这样才能一点一滴地进步。"(日本播音界元老相川浩)

——"问问自己,即使演讲失败了可能会发生什么最坏的情况。镇定地接受这个坏的情况。要知道最坏也坏不到哪里去,无非就是这样而已。"(美国"成人教育之父"戴尔·卡耐基)

最后,保持良好的精神面貌。保持一个良好的精神面貌,向好的方面想问题,即使心虚也要表现得信心十足,让自己感化自己。不妨对自己说:"我已经做好了充分的准备,不会出现什么乱子了!"

2. 实际操作上的准备

(1)了解听众

演讲是为了说服你的听众,因此,有必要先了解你的听众。把握他们的心理,说他们想听的话,用他们所欢迎的方式表达你的观点,这样才能吸引听众,调动观众。

(2)熟悉主题和内容

演讲者对于演讲稿必须熟悉,充分了解主题和内容,认真考虑你所要演讲的稿件感情基调是什么,如何运用,在哪运用? 这样,你才会在演讲的过程中,晓之以理,动之以情,充分调动听众的感情,让听众和自己在情感上产生共鸣,才能征服听众。

(3)搜集素材和资料,准备演讲稿

古今中外,许多著名的演讲大师都是非常善于收集和使用材料的高手。一个材料能省去自己许多口舌。这要求我们在平时多留心一下报纸、书籍、杂志上的资料,并把这些资料分类整理,如爱国篇、立志篇、勤奋篇、幽默篇等。当你下笔写演讲稿的时候,通过对材料的分析、处理,精心梳理,选取那些能说明主题、典型、真实、新鲜、符合听众心理的材料为你所用。

（4）做适当的演练

在演讲比赛之前，你不妨多来几次演习。可以对着镜子，最好是能看到全身的镜子，如正式上场那样讲一遍，自己便可以边讲边观察自己了。有不妥的地方即刻纠正、调整，精益求精。最好能够在很多人面前一气呵成地试讲几次，如父母、同学面前，越是有赛场气氛，试讲的效果便越好。

（五）怎样写好演讲稿

演讲要达到感染听众、激励听众的效果，除了讲究以情动人、以理服人外，对演讲内容的精心安排也是十分重要的。开头、主体、结尾是演讲内容必不可少的三个部分。

1. 开头

第一印象很重要，任何一场演讲最难的就是开场白，你必须让第一句话就讲得趣味盎然，不要等到第二句、第三句才这样做。开场白主要担负着这样四个任务：第一，唤起听众的注意，引发听众的兴趣；第二，阐明演讲的主题；第三，介绍演讲的内容；第四，营造和谐的演讲氛围。

开头要简洁明了，开场白所用的时间不应超过全部演讲的 $10\%\sim20\%$。可以尝试以下几种方法。

（1）叙述式

叙述的内容不同，引发的效果也会多种多样，或是唤起听众的好奇心，或是让听众感到震惊，或是推动听众进行思考……例如：

> "假如每人每天节约一滴水，每年 365 天，全国人民节约一年的水就可以把一个大型水库充满。"

> "朋友们，你们知道吗？每天有上百条人命死于车轮之下，可见，遵守交通秩序，保障人身安全是多么重要。"

（2）提问式

提出问题是让听众思考你演讲的好方法。例如：

> "朋友们，你想知道找到幸福的方法吗？"
> "同志们，我想问大家一个问题，人是从哪里老起的？"

（3）故事式

人们都喜欢听故事，故事不仅能吸引听众的注意，还能帮助听众形象地理解演讲的主旨。可以选择刺激、充满悬念的故事，也可以选择简短、意味深长的故事，只要它与演讲的主题直接相关。

> 《救救孩子》这篇演讲是这样开头的："去年5月24日某报纸披露了这样一件事情，一个四年级的小学生，每天要带父母剥光了壳的鸡蛋到学校吃。有一次，父母忘了给鸡蛋剥壳，差点憋坏了孩子。他对着鸡蛋左瞅右看，不知如何下口，结果只好饿着肚子把鸡蛋带回了家问父母。母亲十分吃惊地问他怎么不把鸡蛋吃了。他的回答很简单：'没有缝，怎么吃呢？'"

（4）引用式

从一本家喻户晓的著作里摘录一段引文，引用一首诗、一首歌，从一部电视剧里截取一段话……这些都可以作为演讲的开场白。

> 梁启超这样开始他的演说——《教育家的自家田地》："孔子屡次自白，说自己没有别的过人之处，不过是'学而不厌，诲人不倦'。他的门生公西华听了这两句话便赞叹道：'正惟弟子不能及也。'我们从小就读这章书，都以为两句无奇的话何以见得便是一般人所不能及呢？我历年来积些经验，把这本书越读越有味，觉得：学不难，不厌却难；诲人不难，不倦却难。孔子特别过人之处和他一生受用处的确就在这两句话。"

（5）抒情式

抒情可以借景、可以借物、可以借事，还可以借人。通过演讲者声情并茂的朗诵，把听众带到一种意境。

> 1863年，美国葛底斯堡国家烈士公墓竣工，国务卿埃弗雷特在落成典礼上借景抒情："站在明净的长天之下，从这片经过人们终年耕耘而今已安静憩息的辽阔田野放眼望去，那雄伟的阿勒格尼山隐隐约约地耸立在我们的前方，兄弟们的坟墓就在我们脚下，我真不敢用我这微不足道的声音打破上帝和大自然所安排的这意味无穷的平静。但是我必须完成你们交给我的责任，我祈求你们，祈求你们的宽容和同情……"

2．主体部分

主体部分是演讲中最长的，也是最重要的部分。构建一次演讲主体部分的关键是论点、论据和衔接。

（1）论点

论点是演讲的重要特征。首先，要根据演讲的主题和目标，从整体策略的角度列出论点;然后,要对这些论点进行筛选和压缩。确立了论点之后,就要安排这些论点在演讲中出现的先后顺序。例如如何处理废旧汞电池的话题,可以确立的论点有:①废旧汞电池中的重金属离子将直接污染水体和土壤;②解决这个问题需要政府、企业和消费者的共同努力。

（2）论据

论点的确立需要论据作为支撑,演讲稿的论据有其特殊的要求,例如:不要选取那些高深的理论;事例一定要新颖、切合主题和情景;最好讲述发生在自己身上的故事。

（3）衔接

如果仔细观察,你会发现一些不太熟练的演讲者往往会在演讲过程中出现大量的口头禅,这些口头禅是演讲者思维出现停顿的表现,"衔接"是消除这一问题的良方。常见的衔接方法有以下四种。

① 过渡,采用过渡句或"既然"、"那么"等过渡词,例如,"既然我们对这个问题已经有了一个清晰的理解,就让我们和你们分享有关这个问题的方法吧。"

② 内部提示,先告诉听众接下来要谈些什么,例如,"谈到在国外生活或工作的中国人所遭受的偏见时,我们首先来看看这个问题的起因,然后再看看这个问题是如何在今天继续产生影响的。"

③ 内部小结,提醒听众前面谈了什么,例如,"让我们暂停一下来总结到目前为止我们所发现的问题。首先,我们可以从近代历史上找到证明;其次,我们还可以从一些留学生的所作所为上找到答案。"

④ 标志,例如数字、要点等。

3. 结尾

俗话说:"编筐编篓,重在收口",演讲的结尾虽然一般只占总体的 5%～10%,但却是关键的"收口"。演讲的结束语有两个功能:第一,让听众明白演讲要结束了;第二,强化听众对演讲主题的理解。

结尾可以有以下几种方式。

（1）总结式

总结的价值在于明确演讲的主题。

闻一多先生的《最后一次演讲》的结尾:

"我们不怕死,我们有牺牲的精神! 我们随时准备像李先生一样,前脚跨出大门,后脚就不准备再跨进大门!"

这英勇无畏、气壮山河的话语留在最后产生了强烈的效果。

（2）抒情式

这种结尾常常是演讲者在叙述典型事例和生动事理后，油然而生的激情。以抒情方式结尾，言尽而意未尽，留有余韵，给人启迪。

郭沫若的《科学的春天》的结尾：

春分刚刚过去，清明即将到来。"日出江花红胜火，春来江水绿如蓝。"这是革命的春天，这是人民的春天，这是科学的春天！让我们张开双臂，热烈地拥抱这个春天吧！

这样的结尾，热情奔放，以诗一般的抒情语言激励人们向科学进军，拥抱科学的春天，具有很强的鼓动力。

（3）号召式

演讲者以慷慨激昂、扣人心弦的语言，对听众的理智和情感进行呼唤，或提出希望，或发出号召，或展示未来。例如：

"同胞们，为了我们的祖国不再遭受这苦难，我们的人民不再遭受这欺凌，请拿起手中武器去战斗吧！"

这段结尾，以富于鼓动性的语言，号召人民起来反抗，保护自己的家园。

（4）引用式

用引言来结束演讲是比较常见而有效的方式。

一位竞聘者在演讲结束时这样说："今天，我只想用保尔的那段名言来结束我的演讲：'人最宝贵的是生命，生命对于每个人只有一次，人的一生应当这样度过：当他回首往事时，不因虚度年华而悔恨，也不因碌碌无为而羞愧。这样，在他临死的时候，能够说，我已经把整个生命和全部精力都献给了世界上最壮丽的事业——为人类的解放而斗争。'"

（5）祝福式

祝福式结尾常用于礼仪演讲中。

例如周恩来在庆贺朱德六十大寿的祝词里这样结尾："你的强健身体，你的快乐的精神，象征着中国人民的必然兴旺。人民祝你长寿！全党祝你永康！"

（六）应对演讲过程中出现的问题的技巧及方法

1. 摔倒了怎么办

由于紧张，上台时腿脚发软，你有可能摔倒，台下观众会哄堂大笑。这时，你要镇静地爬起来,因为事情已经发生了,你不可能改变,你还得去演讲。这时,你可以把刚才观众的掌声和哄笑当成是在迎接你的最热烈方式,同时这个失误会把观众的目光吸引到你的身上,这不是一个良好的开端吗?你可以大大方方地走到话筒前说:"谢谢各位这么热情,我今天演讲的题目是……"

2. 卡壳了怎么办

演讲中的卡壳现象对我们来说并不少见,很多人恐怕都有过这种痛苦的经历。卡壳有可能是演讲过程中忘了词,记不起下面的内容,或是一上台站在话筒前一句话也说不出来,连自己讲什么都忘了。一旦遇到这种情况要尽量保持平静,不要急,千万不要作出任何有损形象的动作,如吐舌头、抓脑袋、翻眼睛、抬肩膀、咬嘴唇等,这无异于向全场宣布你忘词了,要稳住,不露声色地尽量赢得时间,寻找语意"衔接点"。首先,你可以平静地扫视全场,听众便会马上安静下来。以为你后面有很重要的话要说了,但停顿时间不宜太长,大场地里不要超过八秒钟,小场地最好不要多于五秒钟。其次,你可以巧妙地把难堪抛给观众,给自己解围,你可以给听众提问,故意空出一小段时间让听众思考,这样你既赢得了思考时间,也调动了场上的气氛。当然,你想的问题应与演讲内容相关。为此,你事先可以想好几个问题,以防万一。再次,如果以上方法都行不通,你还有下下策:大大方方地看一下稿,但务必做得自然,脸不红心不跳,理直气壮。不就是忘了几句话嘛,又不是做贼,心虚什么?气盛言宜,胆大遮羞。越自然,别人越不会怀疑;越羞怯,别人越容易注意。

3. 有人刁难你怎么办

在演讲的时候,尤其是个人性的演讲时,会碰到一些有意刁难的人,这种情况下,你一定要用你的机敏与睿智去处理,切不可斥责、大骂。我们来看一个例子:

苏联的普列汉诺夫在演讲时具有很强的控制场合能力,常常能够"胁迫"听众进入他的演讲中。他曾经在日内瓦作过一次题为《无产阶级与农民》的演讲。当时,社会革命党人和无政府主义者蓄意破坏,有些人在会场上吹口哨、踩脚,拥护者和反对者也激烈地争吵,全场一片乱哄哄的吵嚷声。普列汉诺夫冷静、沉着,双手交叉在胸前,沉默不语,眼睛却在浓眉下闪耀着嘲笑的目光。一会儿,待台下渐渐地平静下来时,他就抓住时机大声宣告:"如果我们也想用这种武器同你们斗争,我们来时就会(他故意停顿了一下,大家以为他会说带着炸弹或棍棒的话,然而,他说的话却大大地出人意料),我们来时就会带着冷若冰霜的美女。"

这句话机智有趣,立刻引起哄堂大笑,连反对者也笑了起来,于是气氛得到缓和,演讲过程得以平稳地继续进行下去。

 技 能 训 练

（一）当众说话勇气训练

① 模仿秀:模仿一个被大众所熟悉的人物,让听众猜。

② 表演秀:表演小品或哑剧。

（二）姿态与语言训练

① 站姿、微笑、目光练习。

② 上下台练习。

③ 手势练习。

④ 演讲开头训练。

　　尊敬的各位领导、老师、亲爱的同学们,大家好! 我今天演讲的题目是《祖国,我亲爱的祖国》······

（三）情感激发训练

题目:

① 妈妈的眼睛。

思路:妈妈的眼睛有什么特点→当你想起那双眼睛时,你有着怎样的感动。

② 风中那一缕白发。

思路:谁的白发→为什么或是为谁而白→你看到这白发时感受是什么→你将怎样去做。

③ 师恩难忘。

思路:这个人是谁→哪一件事使你对他(她)难忘→对你有什么影响。

（四）即兴演讲训练

题目:

① 学会放弃。

② 当你被人误解时。

③ 善良是我坚守的品质。

（五）书写演讲稿训练

请从下列未完成的句子中选择一个你喜欢的题目，先完成句子，再以这个句子作为题目，写一篇六百字左右的演讲稿。

① 假如我有……

② 我最爱的……

③ 我最喜欢……

④ 让我们……

⑤ 努力吧！为了……

（六）著名演讲稿欣赏

在葛底斯堡国家烈士公墓落成典礼上的演说

林　肯

87 年前，我们的先辈们在这个大陆上创立了一个新国家，它孕育于自由之中，奉行一切人生来平等的原则。

现在我们正从事一场伟大的内战，以考验这个国家，或者任何一个孕育于自由和奉行上述原则的国家是否能够长久存在下去。我们在这场战争中的一个伟大战场上集会。烈士们为使这个国家能够生存下去而献出了自己的生命，我们来到这里，是要把这个战场的一部分奉献给他们作为最安息之所。我们这样做是完全应该而且非常恰当的。但是，从更广泛的意义上来说，这块土地我们不能够奉献，不能够圣化，不能够神化。那些曾在这里战斗过的勇士们，活着的和去世的，已经把这块土地圣化了，这远不是我们微薄的力量所能增减的。我们今天在这里所说的话，全世界不大会注意，也不会长久地记住，但勇士们在这里所做过的事，全世界却永远不会忘记。毋宁说，倒是我们这些还活着的人，应该在这里把自己奉献于勇士们已经如此崇高地向前推进但尚未完成的事业。倒是我们应该在这里把自己奉献于仍然留在我们面前的伟大任务——我们要从这些光荣的死者身上汲取更多的献身精神，来完成他们已经完全彻底为之献身的事业；我们要使国家在上帝福佑下得到自由的新生，要使这个民有、民治、民享的政府永世长存。

【评说】

林肯（1809—1865 年），美国总统；共和党人；任过律师；1847—1849 年当选为众议员；总统任职内，爆发内战；1862 年颁布《宅地法》和《解放黑奴宣言》，使战争成为群众性的革命斗争，保证了战争的胜利；1865 年 4 月 14 日，遇刺身亡。

18 世纪美国南北战争，是美国历史上规模最大，也是人类历史上具有伟大意义的战争。在这场战争中，以林肯为首的新政府军队同南部奴隶主军队展开了殊死的斗争，终于废除奴隶制，战争取得最后的胜利。1864 年 3 月 1 日，联邦政府隆重地举行了葛底斯堡国家公墓落成典礼仪式，纪念在葛底斯堡战役中为国捐躯的烈士。林肯在此发表了演讲，这是历史上最伟大的演讲之一。在短短不足 3 分钟的时间里，先后 5 次被热烈的掌声打断。后人评论它"像一首凝练的史诗，真挚，深沉，意蕴无穷。它又像一篇庄严的宣言，深刻，厚实，力量无边"。这篇演说词一直是美国中学生必读的课文，牛津大学甚至把它用金字铸在校园里，足见其伟大不凡。

单元八　交谈（上）

交谈是人际交往中必不可少的内容，更是一门艺术，既要注意谈话时的态度、措辞，顾及周围的环境、场合，更要讲究所谈的内容。一个成功的交谈最应该注意语言的表达，对于同样的内容，不同的说法和表达方式会给别人产生不同的感受，对自己的人际交往产生不同的影响。

情景描述

初次约会，小戈对古古聊起了他最爱看的篮球赛："每次在网络上下注，只要有湖人队，我就一定赌湖人队赢！"

古古说："哦。我觉得篮球最无聊了。"

你觉得他们的交谈会进行下去吗？问题出在哪里呢？如果你是古古，你会怎样将话题进行下去？

情景分析

古古对小戈的话题不太感兴趣，表现得漠不关心，一副心不在焉、无动于衷的态度，她不是一个注意顾及别人感受的好的谈话对象。小戈只有转移话题了，否则他们的谈话将无法进行下去。

以下使话题继续下去的说法可供参考。

"我每次都赌湖人队赢！"

"那小戈你一定常常熬夜看球赛了？"——接下来就可以进一步聊他的生活作息了。

"那小戈你都下多大的注？"——接下来就可以进一步聊他的金钱观了。

"那你看球赛的时候，你以前的女朋友都不会抱怨吗？"——接下来就可以进一步聊他的感情史了。

——摘自《蔡康永的说话之道》

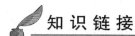 知识链接

（一）交谈的含义

交谈是人与人之间交往中最基本的口语表达形式，是两人或两人以上，为交流思想、沟通感情、互通信息、解决问题等而进行的双向交流谈话形式。通常可以分为两种，一种是没有明确目的与主题的闲聊，即平常所说的聊天、闲谈；另一种是为了实现某一意图而进行的谈话，如求助、劝告、说服、批评等。本书针对这两种情况的交谈分别进行讲解。

（二）没有明确目的的交谈——闲谈

1. 闲谈的含义

没有明确目的与主题的闲聊，也称闲谈，是人们在日常生活中运用的最广泛的双向沟通方式。闲谈的主要目的在于交换信息、融洽气氛和交流感情。

2. 闲谈的特点

① 目的模糊。闲谈主要是出于人与人之间交往的需要，没有明确的目的。在客观上起着交换信息、交流思想和融洽感情的作用。

② 话题随意。闲谈通常没有既定话题，也不需要事先准备。通常是一方首先提出话题，之后互相交流看法。由于闲谈发生的随机性，通常话题不集中，而且多变。常常是话题随着闲谈者谈话的兴致而来，言由兴起，是"无主题变奏"。

③ 形式灵活。由于闲谈是随机的、自发的，不受时间、地点、人物、人数等的限制，闲谈中各方的机会都是均等的，畅所欲言，没有固定模式，形式自由灵活，不拘一格。

（三）闲谈的技巧

1. 做受人欢迎的闲谈对象的技巧

① 诚恳，不漫不经心。与人闲谈时态度要诚恳、亲切，这是进行交谈的基础。诚恳的态度既体现出良好的个人修养，也体现出对对方的尊重与礼貌。对别人的谈话漠不关心，一副心不在焉、无动于衷的态度都是令人反感的。

② 谦虚，不自以为是。社会心理学家发现，一般人都不喜欢嘴上老挂着"我"的人。因此，应避免过于显露自己的才学，开口便"我如何如何"，自以为是不会是一种令人欢迎的态度。须知，谦虚的态度总是易为人所接受的。在一般情况下，人们总是先接受一个人，而后才肯接受他的意见。

③ 文明，不道人长短。在与人闲谈时，应注意语言的文明，不说脏话、粗话，不说庸俗、低级趣味的话。同时，应注意不要说长道短。背后道人长短，不论有意无意，都是为人不齿的，是不文明、没有风度教养的表现。

④ 友善，不争执抬杠。闲谈并无明确的目的，应追求气氛的融洽、和谐，而不追求结论的一致、圆满，所以在闲谈中都应以友善的态度面对。争执抬杠通常不会有结果。就是争出了个结果，也于闲谈有百害而无一利。为了某个观点的是与非、对与错或事实的真与假而争论不休，最终伤了和气，是得不偿失的。

⑤ 平和，不随意插话。得体的插话，会让对方觉得他的话语得到了别人认真的倾听与回应，但动辄不分时机地随意插话，习惯于抢"话头"，则是容易让人恼火的行为。请以平和的心态，学会用心聆听。

⑥ 让先，不唯我独尊。在闲聊的过程中，大家都是平等的，让别人先说，一方面可以表现你的谦虚；另一方面可以借此机会来观察对方，给自己一个揣度的时间和从容考虑的余地。似乎只有自己应该是受人瞩目的中心，不顾及别人想法与感受，唯我独尊的做法同样是让人厌恶的。

⑦ 避讳，不触人隐私。不论与什么人交谈，都应对对方有所了解，聪明地避开某些对方忌讳的话题，如个人的隐私、疾病及不愿提及的事情；尽量避免触犯对方在风俗习惯、宗教信仰等方面的禁忌，如在穆斯林面前不言"猪"，在佛教信徒面前忌言"杀生"等，否则会引起对方不快。要学会察言观色，一旦发现自己不小心触及了对方的忌讳，对方面有不快之色或氛围尴尬时，应立即巧妙避开。

⑧ 平衡，不冷落一方。如果几个人一起交谈，要注意不要只把注意力集中到某一个人身上而冷落了其他人。要创造每个人都能参与谈话的机会，要善于用目光同每个人交流，使他觉得你是在和他交谈。除了你的对话者外，可用目光偶尔

光顾一下其他的人。对于沉默者则应设法使他开口,如问他"你对这事有什么看法?"这样便可打破沉默,机智地引出他的话来。

闲谈是双向的,参与闲谈就意味着参与交流。每一位参与者都应当激发别人的谈话热情,让给别人说话的机会。

2. 寻找话题的技巧

(1)寻找双方都感兴趣的共同点

对于闲谈,一般可从共同的兴趣爱好、共同的利益、共同的朋友、新闻趣事、周围环境等谈起。总之,要善于寻找共同点,选取大家共同关心的话题,就会引发亲近感,使话题顺利进行下去。

(2)寻找话题的方法

熟识的人之间彼此了解,要找到共同的话题并不十分困难;不是很熟悉的人,由于彼此不够了解,如何使对方开口,并使话题顺利地进行下去,就不是一件很容易的事了。

下面介绍三种引发对方说话的方法。

① 问话法。通过问问题来引起别人关注,表达交流的愿望,并通过问题,试探了解对方,达到沟通交流的目的。

　　新生入校报到第一天,张芳和李琳在寝室相遇,张芳先开口道:"刚才听你和你妈妈说话的口音,是北方人吧?"

　　"对呀,我是吉林的。"

　　"太好了,咱俩老乡,我也是吉林的!"

由此,两人扯开话题,越谈越投机,很快成了好朋友。

用问话法时,要注意在不打扰别人的前提下,问的问题能引起别人兴趣,不冒犯别人为宜。

② 赞美法。赞美对方最容易引起别人好感,能迅速拉近距离,消除陌生感,除掉戒心,是营造闲谈的良好氛围的好方法。"你今天气色真好!""你这身衣服特别适合你的肤色,真漂亮!"……不要小看类似听上去无足轻重的赞美,它们往往能为你带来愉快的话题。

用赞美法时,要注意赞美必须表现得真诚、自然,不能夸大其词,有奉承之感,不能让人觉得虚伪、做作。

赞美要尽量具体。"你这篇文章写得真好! 尤其是结尾,我读了很受启发。"比简单地说:"你这篇文章写得真好!"要显得真诚得多,会给人带来更加愉快的感受。

③ 自言自语法。有时一句"今天天气真热呀!"之类的自言自语往往能成为交谈的引子。看上去是在自言自语,实际上是说给对方听。它比问话法、赞美法间接委婉,即使对方不搭理,也不会觉得尴尬。如果担心别人不搭理而使你难堪,那就可以采用这种方法。

3. 转移话题的技巧

在以下三种情况下需要转换话题。

① 第一种情况是,自己对谈论的话题已失去兴趣,而对方却谈兴正浓,彼此难以谈到一起。此时,不必硬着头皮去听,而应当通过提出一个富有启发性的问题,或接过对方的某一句话,自然地扯到另一个双方都感兴趣的问题上。这样,对方的自尊和谈兴都未受到损害。

② 第二种情况是,敏锐地观察对方的反应,感受对方的暗示,自觉地约束自己的谈兴。例如,当对方表现出厌倦神色时,就该"适可而止"了。

③ 第三种情况是,当有人提出了令参与者尴尬的或者难以回答的问题时,应该及时转移话题。

> 安安:"你说,你是不是经常带女孩子来这里看夜景?"
>
> 小米:(不知如何应对……)
>
> 安安:"你妈妈身体最近好些了吗?"
>
> 小米:"喔,很好,都没问题了,谢谢你这么关心。"
>
> 安安:"别客气……"

在上面的例子中,安安及时察觉了小米的窘况,立即转移了话题,避免了谈话的中断,也避免了尴尬。

4. 插话的技巧

插话,俗称插嘴,是在别人发言的过程中间插进去说几句话。对闲谈来说,插话就像烹调中的调味品,用得恰当,能锦上添花;用得不当,则会令人不快,如鲠在喉。要做到恰当,首先要选准时机。那么,如何避免插话令人生厌,让插话受人欢迎呢?中外口才家总结出了以下一些规律。

① 不宜插话的情况。对方正讲在兴头上的时候;众人听得入神的时候;对方的意思尚未表达完的时候;对方卖关子的时候;对方咬错字,但大家并未发觉的时候,都不宜插话。

② 可以插话的情况。发言中途,对方想不起话茬的时候;对方表达完意思的时候;众人对发言不感兴趣,产生厌倦的时候;对方与别人争执的时候;对方话题不恰当的时候,都可以插话。

③ 插话的时候,要注意礼貌。插话时,要尽量让对方把话说完再插话。在任何情况下,都不能为了插话而以不相关的话去打断别人,这样的插话就是失礼,是不合时宜的。实在需要中途插话时,也应征得对方同意,并要注意礼貌,可以用商量的口气说:"对不起,我打断一下可以吗?""对不起,我提个问题可以吗?"或"我插句话好吗?"待对方同意后再接着说,这样可以避免对方产生误解。

技 能 训 练

① 请想一想在和同学朋友闲谈时,什么样的说话方式和谈话内容是不受欢迎和令人生厌的?

② 请说一说你和你的同学在刚入校时,是如何寻找话题,通过交谈由陌生到熟悉的?

③ 选择班级中来自不同地方的同学,依次到前面来和大家交谈,请同学针对自己感兴趣的内容向他提问,进行闲谈练习。

④ 情景模拟。

与初识的人如何交谈、谈什么话题,你可以从自我介绍中获得信息。从下面这段自我介绍中,你可以得到哪些信息作为接下来的话题呢?并针对这一情景进行闲谈模拟练习。

"各位朋友,大家好,我姓李名云,很高兴有机会和大家在这里相识。由于我刚从广州来到大连,对这里不是很熟悉,希望以后大家多多帮忙。"

【提示】

选择"与对方相关"或是"对方想了解的事物"为话题,是使话题延续的最佳方法。

⑤ 请结合生活实例,说一说哪些情况下可以插话,哪些情况下不可以插话?插话时应当如何表达才得体?

单元七　交谈（下）

对于有目的的交谈而言，说话的方式与方法将直接影响交谈的结果。学习和掌握必要的交谈技巧是非常重要的。

情景描述

> 王云在一家公司任文员，一次，她将两份打印材料分别送给她的两位上司时，却受到了两种不同的评价。一位上司说："王小姐，我的办公室从来没有像你这样糟糕的打字员，你打的东西我越看越头疼，现在把这封信重打一遍，错误的地方都改过来。"另一位上司说："王小姐，你字打得不错，错误很少，排版也极其工整，只是在这封信中，我发现几处小毛病。错误虽不算大，但却改变了我要说的话的准确意思。"

请设想一下王云两种情形下的心情。哪一位上司的批评会更利于王云改进工作？

情景分析

戏剧大师莎士比亚说："要是你想达到你的目的，最好用温和的态度与人家讲话。"不得当的说话方式，会让你的言语成为"唇枪舌剑"，变成伤人利器。这两位上司批评王云的说法，由于后一位上司的批评更委婉，保全了王云的尊严和自尊心，显然更可取，也会更有效，王云听起来会更愿意接受，从而有利于工作的改进。

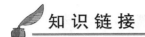

知识链接

（一）有明确目的的交谈的含义

相对于闲谈来说，有些交谈是为了实现某一意图而进行的，目的明确。常见的如求助、说服、批评等，都有明确的目的与意图，与随意的闲谈不同。

不论有无明确目的，所有的交谈都是双向的口语沟通，在交谈技巧上，有相同之处，但针对不同的交谈目的，采用的方法与技巧又不尽相同。

（二）有明确目的的交谈的特点

① 主旨明确。由于目的明确，所以在交谈过程中，主旨也都非常明确。如教师批评学生，是为帮助学生认识错误，改正缺点，不断进步，与闲谈有本质的不同。

② 讲究方法。此类交谈与闲谈不同，交谈者有时要非常讲究表达的方式，如批评、说服等交谈只有采用合适的方法，才能顺利地实现目的。

③ 内容集中。交谈的内容都是围绕主旨展开的，所说的话都是为实现目的服务的，所以内容非常集中。

（三）有明确目的的交谈的技巧

有明确目的的交谈要讲究表达的方法，才会达到目的，常用的技巧有以下几种。

1. 开门见山法

交谈一开始就直截了当地从正面向对方提出要询问的问题、交谈的重点，很快进入实质性对话，这种方法就是开门见山法。使用这种方法一般是事先选好了对象，了解有关情况，或者谈话内容是双方都愿意谈的。求助、咨询、请教、联系工作等都可采用这种方式。

2. 迂回入题法

有时，直入正题还缺乏心理基础，或者所谈话题对方会有抵触情绪，开始可先避开正题，谈些对方感兴趣的话题，边谈边分析对方的反应和心理，待时机成熟，再巧妙切入正题，谈话成功的希望会大得多，这种方法就是迂回入题法。求助、劝说时，常用这种方式。

战国时，秦国攻打赵国，赵国向齐国求救，齐国提出，一定要赵太后的小儿子长安君做人质,才肯发救兵。赵太后不肯,大臣们再三劝说,不但无效,反而激怒了赵太后,下令禁止群臣再言人质之事。在这种情况下,老臣触龙前去劝说太后,见太后怒气冲冲,便步履蹒跚地走上前去。

触龙:老臣腿有病,很久未来拜见,担心太后的玉体,特来拜望,日常饮食没有减少吧?

太后:每顿吃些粥罢了。

触龙:我近来没有食欲,每天步行三四里,胃口倒也开了,身体倒也好些了。

太后:我可不能行走,离不开辇车。(脸色和缓了)

触龙:我的小儿子舒祺,年方十五,少不更事,我很爱怜他,考虑到自己年老体衰,想让他进王宫卫队谋职,也好早点自立。

太后:好啊。想不到大丈夫也这么爱怜小儿子。

触龙:其实,这一点可超过了女子。(见太后怒气已消)不过,老臣窃以为,位高而无功,俸厚而无劳,靠什么打下代代相传的根基呢?如今您爱长安君,良田、珍宝都给了他,却不让他为国建功,恕臣直言,将来您百年之后,长安君凭什么自立于赵国?

太后:善哉斯言,我也想通了,就按你们的意思去做吧。

触龙在劝谏之始,绝口不提人质的事,而从日常饮食起居谈起,嘘寒问暖,打消太后的“敌意”,随后以为儿子求职的事,巧妙切入“爱子”的话题,陈述自己的看法,这时顺势提出“人质”的正题,劝谏得以成功。

3. 巧言相激法

巧言相激法即激将法,就是利用别人的自尊心和逆反心理积极的一面,以“刺激”的方式,激起不服输情绪,将其潜能发挥出来,从而得到不同寻常的说服效果。

王强是学校出了名的调皮学生,学习不努力,成绩很差。一次,他打了班里的一名同学,事后,还自夸是拳击能手。班主任找来他说:“打架算什么英雄?有本事你跟他比学习。你考试如果赶上人家,那才是真正的‘英雄’呢!”不服气的他竟自此发奋学习,在期末考试的时候,成绩果然进步很大。

激将法是一种很有力的口才技巧,但在使用时要看清楚对象、环境及条件,被激的一方必须是能激起来的人物,不能滥用。同时,运用时要掌握分寸,不能过急,也不能过缓。过急,欲速则不达;过缓,对方无动于衷,无法激起对方的自尊心,也就达不到目的。

4. 借题发挥法

借题发挥法是借用具体情景中的人、事、物、景等做文章,加以引申和发挥,巧妙地表达自己的看法或主张。

> 有一个香港旅行团一到杭州就遇上绵绵阴雨,因此游客的情绪十分低落。导游员说:"天公真是太作美了。一听说远道而来的客人要游览西湖,就连忙下起淅淅细雨。大家还记得苏东坡的那首诗吗?'水光潋滟晴方好,山色空蒙雨亦奇。若把西湖比西子,浓妆淡抹总相宜。'今天我们有幸能亲自感受一下雨中西湖的诗情画意,真是天赐良机啊!"这种机智的表达,使游客的情绪顿时高涨起来。

这位导游以巧妙的语言借题发挥,化解了不利因素。借题发挥要根据具体环境中的具体情况进行灵活发挥,特别是要善于借一些突发性的消极情况来随机应变。

(四) 常见的几种目的明确的交谈

1. 求助类交谈

在日常生活中,我们每个人都会遇到这样或那样的问题和困难,需要别人的帮助。向别人求助时要注意以下技巧。

① 用商量的语气发问,语气要谦和。求人帮助要用商量的口吻,让对方感觉到你很尊重他,一个修养好的人总会更多地得到别人的帮助。例如问路,应该说:"您好,打扰一下,请问去新华书店怎么走?"即使是最好的朋友,也不能用命令的语气,否则,朋友即使帮了你,心情也不痛快。

② 选择好时机。求人帮忙,应选择别人心情愉快,空闲的时间。当别人专心致志地做某项事情或情绪不好的时候,打扰别人是不妥当的,效果往往也不好。

③ 求助人不忘致谢。知恩图报,别人帮助你是尽分外的义务,应当表示感谢,哪怕简单地说一声"谢谢",这也体现了你良好的个人修养。

④ 告诉物品归还的时间。不能即刻归还的物品,在借出时要先告诉对方物品归还的时间,这样对方才会更乐意借给你,因为借出物品的人都有这样的担心:怕对方借了不还;怕对方借了损坏。所以借人物品要尽早归还才好,"×天后(或×小时后)一定还你!"这样说会减轻对方的心理负担。当然,行动上一定要守信用。

⑤ 求助失败要体谅别人。求助没有成功也不要心生怨气,要予以理解,体谅别人的难处,可以说:"那就不为难你了,我再找别人试试看。"或"没关系,我另想办法。"

2. 说服类交谈

说服，就是一方通过语言劝导使对方改变原有的观点或主张，接受新的观点或主张。说服别人时要注意以下技巧。

① 态度要自然，真诚。有位心理学家在某大学里召集了 68 名志愿者，吩咐他们每人跟 4 位行人谈话，请求行人支持一个反对校内早餐和午餐两餐供应肉类的团体。在跟行人接触前，研究人员对每位志愿者的各种情况，如能否令人信赖，能否说服人以及是否泰然自若等问题，都作出鉴定。结果发现，在神态泰然自若的情况下，成功的几率大。而那些畏首畏尾给人一种虚假感的人，往往是说服不了人的。可见，在说服别人时，值得信赖的态度是至关重要的。

② 站在对方立场上，形成"自己人"效应。现实生活表明，要改变别人的想法，劝说者必须与听者站在一边，两者的关系越融洽，劝说的话越容易入耳，因为人有一个共同的天性，喜欢听"自己人"说话。

有位心理学家说："一个酿酒专家也许能告诉你许多理由，为什么某一种牌子的啤酒比另一种牌子的要好。但如果你的朋友，不管他对啤酒是否在行，教你选购某种啤酒，你很可能听取你朋友的。"原因是人们对"自己人"所说的话更信赖，更容易接受，这就是"自己人"效应。说服类交谈中，双方身份、地位、立场、态度等方面的认同感是形成"自己人"效应的基础。劝说时的利弊得失分析，都要站在对方的角度进行。

③ 对对方的想法表示理解。对方坚持他的想法或观点，一定有他的理由和原因。在劝说之初，首先要向对方表达你对他的想法充分地理解，告诉对方说："你的想法是可以理解的。"要让对方感到你是从他的角度考虑问题，尊重他的需求与人格。对对方表达充分理解之后，再进一步地启发和引导，收效会更大。

④ 问清楚反对的理由。可以这样说："请你告诉我，为什么不同意？"或"能不能将你反对的理由详细地告诉我？"了解清楚反对的理由，再想下一步的对策，进行进一步劝说。

⑤ 对方反对得很激烈时，要暂停说服工作。说服，是一件很艰难的工作。当你在向对方进行说服时，对方的心里可能有两种力量——同意和不同意正在发生冲突。应该给他一段冷静考虑的时间。当对方强烈反对你的说辞时，如果你一味地劝说，反而有可能引起反感。

3. 批评类交谈

批评人，要讲究批评的方法和技巧，达到既教育人又不伤害人的目的，不会因好意批评却招致怨恨。

批评时要把握的一个基本原则是：保全对方的尊严和自尊心。

（1）先肯定后否定

心理学研究表明，一般人都比较容易接受赞扬的话，不太容易接受批评。遇到批评时，可以采用先肯定后否定的方式表达自己的看法，这样可以削弱因批评而产生不愉快的程度，也不致产生逆反心理。

美国总统卡尔文·柯立芝是美国历史上惜字如金的总统。在他任职期间，有一个周末，对他的一位女秘书说："你穿的这套衣服很漂亮，你是一个很有魅力的女子。"由于柯立芝生性比较沉默，这大概是他有生以来对一位秘书最热情的赞美了。这对于那位秘书来说，太意外了，太不寻常了，使得她不知所措。接着，柯立芝说："好啦，别愣在那儿了，我这样说只是让你高兴。从现在起，我希望你对标点符号注意点。"

本例中，柯立芝为避免因为批评而伤害女秘书的自尊心，没有直接对女秘书提出批评，而是在批评前先表扬，采用先肯定后否定的方式，使批评更易于被接受，也保全了她的尊严和自尊心。开篇王云的例子中，第二个上司就是采用这种批评方法，因而会取得更好的效果。

（2）多指正少指误

18 世纪英国著名的评论家约瑟·亚迪森曾说："真正懂得批评的人着重的是'正'，而不是'误'。"批评应以正面提建议为主，说明该怎么做，让受批评者从另一个角度理解批评的内容。

（3）善于诙谐幽默

戏剧大师莎士比亚说："幽默就像练剑的钝刀头，怎么样也伤不了人。"幽默是人类智慧的火花，恰到好处的幽默，能使人在忍俊不禁之中，体会到深刻的哲理。在批评中用幽默风趣的语言，不但可以达到教育对方的目的，还可以创造出轻松愉快的气氛。

生物学家格瓦列夫在讲课时，突然一个学生在下面学鸡叫，课堂里顿时一片哄笑，这时，格瓦列夫却镇定自若地看了看自己的挂表，不紧不慢地说："我这只表误事了，没想到现在已是凌晨。不过请同学们相信我的话，公鸡报晓是低等动物的一种本能。"

这种幽默的批评对学生起了警告作用，又保全了学生的自尊心，也显示了教师的智慧。在发生纠纷、冲突的时候，如何交谈，不只是口语表达水平高低的问题，而且也表现出一个人文明修养的程度。

（4）善于委婉表意

委婉式批评也称间接批评，其特点是不伤害被批评者的自尊心。

一位顾客坐在一家高级餐馆的桌旁，把餐巾系在脖子上。这种不文雅的举动很让其他顾客反感。经理叫来一位侍者说："你要让这位绅士懂得，在我们餐馆里，那样做是不允许的，但话要说得尽量含蓄。"怎么办呢？既要不得罪顾客，又要提醒他，侍者想了想，走过去很有礼貌地问："先生，您是要刮胡子呢，还是理发？"话音刚落，那位顾客立即意识到自己的失礼，赶快取下了餐巾。

顾客是上帝，不可得罪，这位聪明的侍者，用含蓄的方式指责了这位顾客有失文雅的举动，既不伤情面又达到了批评的目的。

4. 拒绝类交谈

与人交往，对于他人合理的要求应尽量满足，对于不合理的要求，可以直截了当地说"不"，予以拒绝。被拒绝总是令人不快的，但恰当得体的拒绝方式，则可以得到对方的谅解，不至于心生芥蒂。

① 解释理由，争取对方理解。对于通情达理的人，一般可用此法。如周末，同学约你出去玩，你可以说："我已经约好朋友相聚，等再找个时间吧。"不过，在解释时，应态度诚恳，以争取对方对你的同情。

② 留有希望式拒绝。有时对方提出的要求有一定的合理性，但由于条件的限制，不能满足对方，这时，可以先尊重对方的愿望，对对方的建议或要求给予肯定，使其在精神上得到一些满足，然后再做一些善后工作，以减少因拒绝而产生的不满和失望。例如，顾客想买的商品暂时缺货，回答时，可以说："满足顾客要求是我们的责任，可是目前缺货，您看看别的商品，可以吗？"或"我们正在和厂家联系，估计两天后到货，请把您的联系方式留下来，货一到就通知您。"

③ 借他人之口拒绝。把拒绝的话借他人之口说出，可以避免被拒绝者的不快。如当推销员找上门来推销产品，而你又不想买，可以说："我家里人不让我在家门口买任何东西。"这样推销员会减少被生硬拒绝的不快。

④ 言他式拒绝。言他式拒绝是指不直接否定对方的意见、想法，而是提出另外一种想法、观点、建议。如朋友说："我们去看话剧好吗？"而你不想去，可以说："去看电影怎么样？"

甲："我们的意图是使下一次会议能在纽约召开，不知贵国政府以为如何？"

乙："贵国饭菜的味道不好，特别是我上次去时住的那个旅馆更糟糕。"

　　甲："那么您觉得我今天用来招待您的法国小吃味道如何？"

　　乙："还算可以，不过我更喜欢吃英国饭菜。"

　　和直接的拒绝相比，乙的回答不会引起对方的反感，对方反而可能会同意乙的意见。这种回答的典型句式是："还可以，不过我更喜欢……"

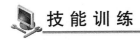 **技 能 训 练**

（一）求助

两人一组进行问路练习。注意求助时的语气和语言表达。

（二）批评

　　美国的第一任总统华盛顿有着非常守时的习惯，每当他举行正式宴会时，他总是希望被邀者准时出席。一次，大家都端坐在餐桌旁，即将开宴时，一位议员才姗姗到来。华盛顿对他说："……"议员非常感激华盛顿的这种批评，因为它保护了自己的面子。

你知道华盛顿是如何说的吗？

（三）说服

① 请根据下面的情景设计你的说服方案，并说服小洁报名参加。

　　学校技能节要举行专业技能展示比赛，班主任老师安排你负责学生报名工作，但你班报名的人数很少。小洁的身材条件不错，普通话也较标准，尤其她心灵手巧，剪纸、扎花等手工制作在班上小有名气，可她胆子小，害怕失败别人笑话，说她出风头，所以很多同学都没说动她。

② 旅行车在一段坑坑洼洼的道路上行驶，游客中有人抱怨。如果你是此行的导游，你将如何说服游客，让游客的不满情绪一扫而光？

③ 你是家里的独女（子），中专毕业后，父母希望你留在本市或本省的旅游餐饮行业工作，可你却想到外面闯一闯，且已被广州和深圳两家高档酒店录用。你准备怎样说服你的父母支持你的选择呢？说出来与大家分享。

（四）拒绝

① 每人讲一件印象最深的关于被拒绝的典型事例，然后互相点评。

② 你向朋友借来一架性能很好的照相机，在校运会上为运动员照相。某同学看这相机的性能实在好，非要借用不可，你又无权转借，那么你如何向他解释，请他谅解？

③ 请分析下面小米的拒绝是否得体，如果是你，将如何表达？

　　"我约好了大家礼拜六一起去吃日本料理！"小米的朋友兴高采烈地打电话来约小米。

　　"啊，可是我不吃日本料理耶！"小米说。

④ 商场里，一种款式的服装只有紫色和白色两种颜色，当顾客问："这种样式的衣服没有红色的吗？"如果直接回答"没有"，顾客会立即就走掉了。如果你是营业员，将如何留住顾客？

辩 论

古语说："一人之辩重于九鼎之宝,三寸之舌强于百万之师。"在人际交往中,由于思想观念、为人处世等的差异,人与人之间的争执在所难免。掌握一定的辩论方法和技巧对于每个人来说都是大有裨益的。辩论是知识与计谋的较量,得体的辩论是一个人良好学识与修养的体现。

情景描述

教室里,男生认为女生智力不如男生而引发了争论。一名男同学说:"你看世界上的伟人有几个是女的呢?"

一旁的一名女同学不慌不忙地反驳道:"伟人中的女子比较少是因为历史上女子受各方面条件的限制,在学习、阅历和参加社会活动的机会上不如男子,并不能说明女子的智力天生就比男子差。"刚刚还趾高气扬的男同学哑口无言。

你同意这名男同学的说法吗?如果是你,你将如何反驳他呢?

情景分析

这位男同学的观点带有偏见,但他用来支撑观点的论据却是不争的事实。女同学不慌不忙,冷静地分析了女性伟人少的原因,并不是因为女生的智力不如男生,而是由于多种原因造成的,跟智力高低没有关系,指出了对方在论证方法上存在着论据与论点脱节的错误,这样,对方的观点也就难以成立了。

辩论是一种思想上的交锋,因此,不论是哪种情形下的辩论,都要注意以理服人,不强词夺理,不进行人身攻击。

 知 识 链 接

（一）辩论的含义

辩论,也称"论辩",是参与谈话的双方,对同一问题持有不同的观点,而产生的言语交锋,以弄清谁是谁非的双向言语活动。辩论是相互说服的过程。辩论的作用在于探求真理,明辨是非,正如马克思所说:"真理是由争论确立的。"

（二）辩论的特点

1. 立场鲜明

辩论必须做到观点正确,立场鲜明。在辩论中,对原则问题,要语言明确,毫不含糊。自己拥护什么、反对什么,都必须旗帜鲜明地体现在自己的言辞之中。用立场鲜明的语言驳斥对方。

2. 反应机敏

论辩与对话、答问一样,都具有临场性的特点,面对来势猛烈地攻击,论辩者不允许有过多的思考时间,因此必须要反应机敏,在瞬间选用简洁、凝练的话语回击对方,出口成章,应对自如。在针锋相对的激烈舌战中,论辩者必须有"兵来将挡,水来土掩"的大将风度,使用锋利、明快、夹枪带棒的语言,迫使对方频频后退,难以招架。

3. 逻辑严密

逻辑的力量在辩论中是不可低估的,要取得辩论的胜利,必须有正确的论点、充足的论据和有力的论证。论辩中要善用逻辑利器,或攻其命题,或驳其论据,或揭其论证的荒谬,充分体现论辩的语言思辨特征,使对手无暇思索。

4. 以理服人

在辩论中,"理"是争的目的和取胜的保证。辩论中要既能做到以理制理,又能以情明理。谁更站在"理"上,谁就更接近胜利。

（三）辩论的类型

1. 实用辩论

实用辩论是人们在现实生活中，对某一实际问题意见不一致时所进行的辩论，包括日常生活辩论、法庭辩论、外交辩论、决策辩论等。

2. 赛场辩论

赛场辩论是以比赛的形式，针对某一特定的辩题，参赛双方站在对立的立场上，展开激烈的论辩，以决胜负。赛场辩论是按预先设定的辩论程序展开辩论的，根据双方各出人数的多少可分为"2:2"、"3:3"、"4:4"辩论形式。目前"4:4"形式被广泛采用。

（四）辩论原则

1. 要为真理、正义而辩

凡辩论者都想获胜，辩论获胜的必备条件是要占有真理，代表正义，为真理而辩。在亚里士多德的《辩谬篇》中，记载了这样一则诡辩：

> 你有一条狗，
>
> 它是有儿女的，
>
> 因而它是一个父亲；
>
> 它是你的，
>
> 因而它是你的父亲；
>
> 你打它，就是打你自己的父亲。

诡辩实际上是有意把真理说成错误、把错误说成真理的狡辩。只有为了真理而进行的才是有意义的，才可能获胜。辩论要以理服人，让事实说话。

2. 讲究进攻和防守的平衡

辩论的两大基本元素是"论"与"辩"。"论"就是"立"——论证己方观点的正确，是防守；"辩"就是"破"——批驳对方观点的错误，是进攻。

辩论具体可以分为论、护、驳、问四个方面。

① "论"、"护"是防守，着重于"立"，论证本方观点的正确。

"论"：即阐述，是摆事实、讲道理，阐明己方观点的正确。

"护"：即应答，是当我方命题遭到对方驳斥时提出理由、事实来维护己方的命题。

② "驳"、"问"是进攻，着重于"破"，反驳对方观点的错误。

"驳"：即找错，是寻找对方命题弱点或话语中的漏洞，捕捉战机，发动攻击；

"问"：即提问，是向对方发问，目的在于把对方问住，让对方败下阵来。

要取得最后的胜利必须讲究进攻和防守的平衡。防守是基础，进攻是关键，是辩论取胜的根本。只有反驳和进攻，才有可能置对方于死地，从这个意义上说，反驳是最有效的辩护，防守也是最有效的进攻。攻和守往往是难以截然分开的，常常是攻中有守，守中有攻。

3. 语言文明，举止得体

文明的语言，得体的举止、风度，不仅能营造良好的辩论氛围，更能使自己赢得对方的尊重与认可。

① 适当的笑容，态度庄重有礼。不能侮辱谩骂对方，不能触及对方隐私，不能使用人身攻击性的语言。

② 运用恰当的手势。不能使用侮辱性手势，如用手指指着对方。

③ 控制好语速、语调和音量。有理不在声高，不能出现声嘶力竭等有损形象的情况。

（五）常用辩论方法与技巧举例

1. 归谬法

对一错误论题不直接否定，而是先假定其真，然后据此导出荒谬的结果，由结果的荒谬推出该论题的荒谬，这样间接地否定错误论题的论证手法就叫归谬法。在论辩中，归谬法是一种有效的反驳手段。

在一次宴会上，俄国著名的文学家赫尔岑，被轻佻的音乐弄得非常厌烦，他双手捂着耳朵。

主人见状解释说："演奏的是流行乐曲。"

赫尔岑反问道："流行的乐曲就一定高尚吗？"

主人反驳说："不高尚的东西怎么能流行呢？"

赫尔岑笑笑说："那么，流行感冒也是高尚的了！"

赫尔岑的语言具有雄辩的力量，因为他运用归谬法指出了对方的语言不合逻辑，观点不能成立。

2. 顺水推舟法

在辩论中，有时可以顺着对方的话头，把对方攻击你的话转变成攻击他自己的话，以达到回击对方的目的，这样的方法称为顺水推舟法。

德国大诗人海涅是犹太人，常常遭到无理攻击。在一次晚会上，一个旅行家对他说："我发现了一个小岛，这个岛竟然没有犹太人和驴子！"这分明是在侮辱海涅。海涅白了他一眼，不动声色地说："看来，只有你和我一起在那个岛上，才会弥补这个缺陷。"

一句话把那个旅行家说得哑口无言，使骂人者反而被骂，落得个搬起石头砸自己的脚的下场。

3. 欲擒故纵法

欲擒故纵是指在论辩过程中先纵敌以使其松懈，等他露出破绽时再给予扎实的反击，从而掌握论辩的主动权。

美国前总统卡特竞选总统时，一位爱找碴的女记者采访他母亲："你儿子说如果他说谎话，大家就不要投他的票，你敢说卡特从未说过谎吗？"

卡特母亲平静地答道："我儿子说过谎话。"

"说过什么谎话？"女记者赶紧追问。

"善意的谎话。"

"何谓善意的谎话？"

"你记不记得几分钟前，当你跨进我家门时我对你说你非常漂亮，我见到你很高兴？"

面对女记者咄咄逼人的问话，卡特母亲先故意地纵，女记者不知是计，还在追问卡特母亲"何谓善意的谎话"，等卡特母亲解释清楚，她除了得到尴尬之外，别无所获。

4. 揭露矛盾法

以子之矛，攻子之盾，抓住对方在概念、判断、推理中的某些悖论，借用原话，指出其不能自圆其说的逻辑矛盾，对方的论点就不攻自破了。

正方：电脑的一次操作失误导致了美国的一次水灾，对方辩友难道听而不闻吗？

反方：按照对方的理论，难道为了吃饭有可能噎死而不吃饭吗？这不是因噎废食又是什么？

正方：很高兴对方辩友承认了吃饭有可能噎死，那为什么对方还不承认电脑会给人类带来灾难的可能性呢？

上面这段辩题为"电脑有没有给人类带来灾难的可能性"的辩论，正方明显占了上风。这是因为，当反方自认为以"因噎废食"为炮弹可以置正方于尴尬局面时,正方以敏锐的语言迅速回应,而且"就地取材",抓住反方承认"吃饭有可能噎死"的事实,针锋相对地以子之矛攻子之盾,提高了语言的论辩力。

5. 反唇相讥法

对准对方提出的命题,针锋相对地予以驳斥,击中其要害。

　　一位牧师诘难一位美国的黑人领袖,说:"先生既有志于黑人解放,非洲有那么多黑人,先生为何不去非洲?"

　　这位黑人领袖从容地回答:"阁下有志于灵魂解放,地狱里的灵魂最多,阁下为什么不早下地狱?"

这个回答可谓绵里藏针,使对方失去了还口之力。

6. 引蛇出洞法

在辩论中,常常会出现胶着状态:当对方死死守住其立论,不管我方如何进攻,对方只用几句话来应付时,如果仍采用正面进攻的方法,必然收效甚微。在这种情况下,要尽快调整进攻手段,采取迂回的方法,从看来并不重要的问题入手,诱使对方离开阵地,从而打击对方。

　　在首届国际华语大专辩论会上,复旦大学队和悉尼大学队辩论"艾滋病是医学问题,不是社会问题"时,对方死守着"艾滋病是由 HIV 病毒引起的,只能是医学问题"的见解,不为所动。于是,复旦大学队采取了"引蛇出洞"的战术,复旦大学队二辩突然发问:"请问对方,今年世界艾滋病日的口号是什么?"对方四位辩手面面相觑,对方一辩站起来乱答一通,复旦大学队立即予以纠正,指出今年的口号是"时不我待,行动起来",这就等于在对方的阵地上打开了一个缺口,从而瓦解了对方的坚固的阵线。

其他的方法还有以退为攻法,让步法等。辩论,要以语言战胜对方,具有雄辩力量的语言来自观点的正确性和鲜明的逻辑性。在辩论中,把道理讲清楚是首要的,其次才是表达技巧。

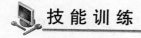 **技能训练**

(一)情景模拟

遇到下面这些情况,该怎样回答或反驳对方?

情 景 一

一天,我海关检查人员从一名英国水手的皮箱里发现了一瓶可疑的牙痛粉,经鉴定是超级毒品。公安人员立即传讯了这名水手。

"你知道这是违禁毒品吗?"

"哦,对不起！这不是我的,是一名华侨旅客托我带的。"

"他是在什么时候、什么地点交给你的?"

"前天晚上,我正在甲板上升国旗,忽然发现挂倒了,正要重挂的时候,这位旅客走上前来交给我的……"

"你升的是中国国旗?"

"我们是英国商船,当然升的是英国国旗。"

审讯人员说:"够了,先生,你编造的故事太离奇了……"

英国贩毒者无言以对。

情 景 二

"这张桌子已经有人订了,您能不能换个座儿。"饭店服务员微笑着走过来对客人说。

"没关系,您把这张桌子搬走,再给我换一张就行了。"顾客看来不愿意作出丝毫退步。

"……"服务员彬彬有礼,顾客被"请"走了。

情 景 三

某城汽车站候车室内,有一个男青年把痰吐在洁白的墙壁上,车站管理员对他说:"青年同志,'不准随地吐痰'的标语你看到了吗?"

"看到了,我吐在墙上,不是吐在地上。"

"……"管理员说。

男青年哑口无言。

情 景 四

一个病人进入医院,对护士说:"请把我安排在三等病房,因为我很穷。"

护士说:"没有人能帮助你吗?"

病人回答:"没有,我只有一个姐姐,她是修女,也很穷。"

护士嘲笑说:"修女富得很,因为她和上帝结了婚。"

病人听了护士的讽刺,十分生气,回敬道:"……"

情　景　五

一天早晨,丘吉尔洗完澡,正在白宫的浴室里光着身子踱步时,有人在敲浴室的门。"进来吧,进来吧。"丘吉尔大声喊道。门一开,出现在门口的是美国总统罗斯福。他看到丘吉尔一丝不挂,便转身想退出去。

"进来吧,总统先生,"丘吉尔伸出双臂,大声呼唤,"……"

说完,两人哈哈大笑起来。

情　景　六

从前,有位财主,穷人见他都必须低头。有一次,一位年轻人见到他后却昂首挺胸地向前走。财主很气愤,骂道:"穷小子,你为何不低头?"

"你有钱,可你的钱并不给我,我为何要向你低头?"

"好吧,我把我的钱拿十分之二给你,你给我低头。"

"你拿十分之八,我拿十分之二,这不公平,我还是不低头。"

"那么我把我的钱拿一半给你,你给我低头!"

"那时候,我和你平等了,为何要向你低头?"

"那么,我把我的钱全部给你,你该向我低头了吧!"

"……"

财主无言以对,尴尬不已。

情　景　七

俄国诗人马雅可夫斯基不太注意仪表。有一次,他戴了一顶破帽子外出,一个游手好闲的人嘲笑他:"喂,你脑袋上的那个东西是什么玩意?是帽子吗?"

马雅可夫斯基应声反问:"……"

情　景　八

英国有一个男孩到一家面包店买了一块两便士的面包。他觉得这块面包比往常买的小得多,便对老板说:"你不认为这块面包比往常要小些吗?"

"哦,没关系",老板回答,"小一些,你拿起来就轻便些。"

"我懂了。"男孩说着便把一个便士放在柜台上。当他正要出店门时,老板叫住他:"喂,没付足面包的钱!"

"哦,没关系。"男孩有礼貌地说:"……"

（二）辩论训练

赛场辩论综合练习：在全班组织一次辩论赛，将全班分为两组，抽签决定正反方，进行辩论练习。以下是几个参考辩题。

① 正方：学生上网利大于弊；反方：学生上网弊大于利。

② 正方：文凭比能力更重要；反方：能力比文凭更重要。

③ 正方：中学生可以将手机带入校园；反方：中学生不可以将手机带入校园。

单元九　　倾　听

　　人际交往中,倾听是一种非常重要的沟通方式。它意味着对他人的尊重、接纳重视他人,同时给人以安全感。注重倾听技巧的修炼,可以更好地与他人沟通,收获更多宝贵的经验,使自己的工作和学习更加游刃有余。从这个意义上说,倾听是更加稳妥地迈向成功的桥梁!

 情景描述

　　　　小佳到一家酒店餐厅实习,一天他接待一位女士用餐。

　　　　小佳将这位女士点的餐品端上来后很礼貌地走开了。小佳刚走开,这位女士便将小佳叫过来说道:"对不起,这碗汤我没法喝,因为……"没等女士说完,小佳立马说了声:"对不起。"并重新为这位女士端上一碗汤。可是,这位女士仍说:"对不起,这碗汤我没法喝,因为……"小佳一时不知所措,并解释道:"尊敬的女士,您点的这道汤是本店最拿手的,深受顾客欢迎,您还有什么不满意的吗?"

　　　　"服务员,我只是想问一下,喝汤的勺子在哪儿?"这位女士说道。

　　小佳为什么会发生这样的误会?

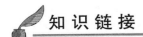

情景分析

　　小佳在服务的过程中,由于不善于倾听顾客的谈话,造成误会发生。所以,为了获得良好的沟通效果,我们应该学会积极的倾听,有必要掌握倾听的技巧,学会从别人的谈话中了解对方的立场、需求、愿望及感受等。

知识链接

(一)倾听的定义

　　国际倾听协会对倾听的定义为,倾听是接受口头及非语言信息、确定其含义和对此作出反应的过程。

(二)倾听的作用

1. 倾听可获取重要的信息

　　通过倾听我们可了解对方要传达的消息,同时感受到对方的感情,还可据此推断对方的性格、目的和诚恳程度。在倾听过程中通过提问,我们可澄清不明之处,或是启发对方提供更完整的资料,可以训练我们以己推人的心态,锻炼思考力、想象力、客观分析能力。

2. 倾听可掩盖自身弱点和不足

　　俗话说:"沉默是金"、"言多必失"。静默可以帮助我们掩盖若干弱点。如果你对别人所谈问题一无所知,或未曾考虑,保持沉默便可以不表示自己的立场。

3. 善听才能善言

　　善于倾听的人一般不轻易开口说话,而是虚心听取别人的意见,将大部分的时间用来比较、斟酌别人的观点,在关键时刻,一旦开口,就会引人注意。而且所说的话往往言简意赅,句句切中要害,容易引起大家的重视。

4. 倾听能激发对方谈话的欲望

　　在谈话过程中一方主动地倾听,让说话者觉得自己的话有价值,他们会愿意说出更多更有用的信息,还会促使对方思维更加灵活敏捷,启迪对方产生更深入的见解,双方皆受益匪浅。

5. 倾听能发现说服对方的关键

　　如果沟通的目的是为了说服对方,那么多听他的意见有助于说服。因为,通过倾听你能从中发现他的出发点和他的弱点,为你说服对方提供了契机。同时,让对方感到你已充分考虑了他的需要和见解,他会容易接受你的意见。

6. 倾听能够获得友谊和信任

人们大都喜欢发表自己的意见,如果你愿意给他们一个机会,不仅使他人感受到被尊重和被欣赏,而且会觉得你和蔼可亲、值得信赖。不仅如此,通过耐心地倾听,可以减少对方自我防范意识,受到对方的认同,甚至产生同伴、知音的感觉,从而促进彼此的沟通和了解。

(三)倾听的层次

依据倾听者的倾听能力和交流效率,可以把倾听分为以下四个层次。

1. 第一层次——心不在焉地听

倾听者心不在焉,几乎没有注意说话人所说的话,心里考虑着其他毫无关联的事情,或内心只是一味地想着辩驳。这种倾听者感兴趣的不是听,而是说,他们正迫不及待地想要说话。这种层次上的倾听,往往导致人际关系的破裂,是一种极其危险的倾听方式。

2. 第二层次——被动消极地听

倾听者被动消极地听说话人所说的字词和内容,常常错过了讲话者通过表情、眼神等体态语言所表达的意思。这种层次上的倾听,常常导致误解、错误的举动,失去真正交流的机会。另外,倾听者经常通过点头示意来表示正在倾听,讲话者会误以为所说的话被完全听懂了。

3. 第三层次——主动积极地听

倾听者主动积极地听对方所说的话,能够专心地注意对方,能够聆听对方的话语内容。这种层次的倾听,常常能够激发对方的注意,但是很难引起对方的共鸣。

4. 第四层次——设身处地地听

设身处地地倾听,不是一般的"听",而是用心去"听",这是一个优秀倾听者的典型特征。这种倾听者在讲话者的信息中寻找感兴趣的部分,他们认为这是获取有用信息的契机。这种倾听者不急于作出判断,而是感同身受对方的情感。他们能够设身处地看待事物,总结已经传递的信息,质疑或是权衡所听到的话,有意识地注意非语言线索,询问而不是辩解质疑讲话者。他们的宗旨是带着理解和尊重积极主动地倾听。这种感情注入的倾听方式在形成良好人际关系方面起着极其重要的作用。

（四）影响倾听效率的三大因素

在倾听过程中,有许多因素会分散你的注意力,使你不能真实地接受信息,不能主动地进行理解,这就会产生倾听障碍。影响倾听效率的障碍主要有三个方面。

1. 环境的干扰

环境对人的听觉与心理活动有重要影响,会影响人的注意力与感知。环境因素不仅包括客观环境因素,如谈话场所的选择、环境布置、噪音大小、光照强弱、温度高低、气候状况、座位安排等,而且包括主观环境因素,如交谈双方的心情、性格、衣着以及谈话人数、话题等。

2. 信息质量低下

双方在试图说服、影响对方时,并不一定发出有效信息,有时会有一些过激的言辞和过度的抱怨,或者信息发出者不善于表达和缺乏表达的愿望,这些因素都会影响倾听效率。

3. 倾听者主观障碍

在沟通的过程中,造成沟通效率低下的最大原因在于倾听者本身。不仅倾听者本人的知识水平、文化素养、理解能力直接影响倾听效率,倾听者对说话人的态度也会影响倾听效率。影响倾听者本身的障碍主要有以下几种。

（1）理解能力

倾听者的知识水平、文化素质、职业特征及生活阅历往往与他本身的理解能力和接受能力紧密联系在一起,具有不同理解能力的倾听者必然会有不同的倾听效果。正因为如此,倾听者的理解能力低下会构成倾听中的障碍。"对牛弹琴"便是如此。

（2）情感因素

情感起到听觉过滤器的作用,例如,在倾听时本能地排斥所不想听到的内容;相反,当某人说到我们想听的话时,我们会"竖"起耳朵,接受所有的信息——绝对真理、相对真理,甚至是谎言和谬误。如果倾听者运用感情过滤,在听到全部信息之前就假设说话人无聊、令人厌烦或讲的话并不重要,那么听者就无法正确地倾听并理解说话者所讲内容的含义。这无疑会影响倾听效果。另外,由于人都有根深蒂固的心理定势和成见,很难以冷静、客观的态度接受说话者的信息,这也会影响倾听的效果。

（3）心智时间差

倾听的主要障碍之一源于一个事实,即人们的思维远比讲话的速度快。据统计,我们每分钟可说出 125 个词,但可以理解 400～600 个词。我们在倾听的过程中由于出现心智时间差,就容易在听话时感到厌倦。我们的思维往往会在空闲时"寻找"一些事做,或者停留在某处,拒绝进一步思维。这是一种不良的倾听习惯。

(4)身体因素

倾听的效果受听觉器官、视觉器官的限制,听觉器官的严重缺陷使倾听者无法听清楚对方的讲话内容,视觉器官的缺陷使倾听者无法看到对方在交流过程中的举止、面部表情等身体语言。这些因素必然会影响倾听效果。此外,目光交流不得体,令人不快的面部表情,不受欢迎的举止也会影响有效倾听。

(5)倾听习惯

在倾听过程中,不同的人有不同的习惯,有些不良习惯会直接影响到倾听效果。不良的倾听习惯有以下几种。

① 先入为主。这类倾听者在听对方谈话时已经有了自己的判断,在与别人沟通时,对对方最先提出的观点印象最深刻,如果对方最先提出的观点与倾听者的观点大相径庭,倾听者可能会产生抵触情绪,而不愿意继续倾听下去。

② 佯装倾听。倾听者表面上装得很有礼貌,双眼盯着讲话者看,脸上露出微笑,并不时点头示意,希望给人留下自己真的听进了对方所说的每一个字的印象。然而事实上,他们的思维游离在别处。假装倾听很容易被说话者识破,并让人产生不被尊重的感觉,并会为自己将时间浪费在一个这样的人身上而勃然大怒。假意倾听对自己也是一种损失,可能会漏听重要的信息,也会影响与讲话者之间的关系。

③ 爱抢风头。这类倾听者表现出过于自我的心态,他们忙于寻求说话者的遗漏,好像知道说话者下句要说的内容。通常在说话者暂停或喘口气时,立即介入。运用这种中断对方讲话的方法表达自我的意见时,常常使讲话者产生糟糕的情绪,而使沟通变得非常不愉快。

④ 急于求成。这类倾听者急于获得正确的信息,他们表现出强烈的专注,喜欢通过手势、面部表情或声音等控制说话者要说的内容。这样往往会使信息传播者感到窘迫,沟通失去轻松氛围和活力。

⑤ 消极行为。这类倾听者在听对方谈话时东张西望,双手交叉抱在胸前,跷起二郎腿,甚至在谈话中拆信、接电话或整理办公桌,这种情况下通常说话者都会尽快结束谈话并离开。

(五)有效的倾听技巧

1. 创造有利于倾听的环境

在倾听时,尽量选择安静、平和的场所,使倾诉者处于身心放松的状态。尽量不要做其他的事情干扰对方的讲话,如果你一会儿接听电话,一会儿忙些别的事情,会分散你的注意力并打断对方的讲话,对方也会对你失去信任。相反,专心地听对方的讲话,保持心无旁骛的倾听姿态,让对方感受你的理解和支持,会有助于对方说出自己的问题。还要根据沟通的目的来选择合适的空间布局。例如,进行非正式的交谈,你和讲话者之间最好不要有桌子隔离物;正式的谈话,你就应该选择坐在桌子的后面。同样,还应考虑你和讲话者之间的距离,根据彼此的关系,选择一个使人感到舒适的距离。

2．鼓励对方先开口

首先,倾听别人说话本来就是一种礼貌,愿意听表示我们愿意客观地考虑别人的看法,这会让说话的人觉得我们很尊重他的意见,有助于建立融洽的关系,彼此接纳。其次,鼓励对方先开口可以降低谈话中的竞争意味。我们的倾听可以培养开放的气氛,有助于彼此交换意见。说话的人由于不必担心竞争的压力,也可以专心掌握重点,不必忙着为自己的矛盾之处寻找遁词。最后,对方先提出他的看法,你就有机会在表达自己的意见之前,掌握双方意见一致之处。倾听可以使对方更加愿意接纳你的意见,让你在说话的时候,更容易说服对方。

3．非必要时,避免打断他人的谈话

> 顾客:"小姐,刚才你算错了 50 元……"
> 店员:"你刚才怎么不当面点清楚,银货两清,概不负责。"
> 顾客:"那就谢谢你多给我的 50 元了。"
> 店员:"……"

非必要时,避免打断他人的谈话。上面的例子就是很好的教训。培根曾说:"打断别人,乱插话的人,甚至比发言冗长者更令人生厌。"经常打断别人说话会给人留下不善于听人说话、个性激进、礼貌不周、很难和人沟通的印象。最重要的是,可能会忽略掉对方要讲的重要信息,有可能给自己造成更大的损失。善于倾听的人应该让讲话者充分表达异议,即使你知道他下一句要说什么,也不要试图打断他。

4．站在对方的角度体验和思考问题

在沟通时,倾听者暂时放下自己的个人喜好,站在对方的角度仔细地倾听,不要用自己的价值去指责或评断对方的想法;对于激烈的言语,能掌控自我情绪,不受负面的影响;不急于作出判断,而是感同身受对方的情感,对对方不同于自己的观点、看法等表示理解与宽容。如"虽然我不大同意你的做法,但我能理解你为什么这样做。"询问而不辩解、设身处地看待人、事、物。

5. 听取关键词

所谓的关键词,指的是描绘具体事实的字眼,这些字眼透露出某些信息,同时也显示出对方的兴趣和情绪。透过关键词,可以看出对方喜欢的话题,以及说话者对人的信任度。

另外找出对方话中的关键词,也可以帮助倾听者决定如何响应对方的说法。倾听者只要在自己提出来的问题或感想中,加入对方所说过的关键内容,对方就可以感觉到你对他所说的话很感兴趣或者很关心。

6. 恰当地给予反馈

倾听的过程中,若只是倾听了对方的讲话,而没有把重要的信息恰当地反馈给对方,等于是对对方的冷漠,会影响沟通效果。倾听过程中的反馈可以是语言的,也可以是非语言的。最有效的方式就是复述,倾听者用自己的话来重新表达说话者的内容,可以让对方知道你一直在听他说话,而且也听懂了他所说的话。但是复述不是像鹦鹉一样,对方说什么你就说什么,而是应该用自己的话,简要地述说对方的重点。如:"你说你住的房子在海边?我想那里的夕阳一定很美。"复述对方说过的话既表示了对说话者的尊重,同时又能够用对方的观点来说出自己的想法。这样,不仅能够赢得说话者的信任,而且还能够找到沟通语言,从而拉近双方的距离。

7. 使用并观察肢体语言

人的身体姿势暗示出对谈话的态度和兴趣。当我们和别人谈话的时候,即使还没开口,我们内心的感觉,就已经透过肢体语言清清楚楚地表现出来了。倾听者如果有以下肢体表现:短时间的目光接触、白眼、不高兴的面部表情、相对较少的动作、身体僵硬、神情冷漠、漠不关心、封闭的形体姿态、身体紧张,说话者很自然地就会特别在意自己的一举一动,比较不愿意敞开心胸。而相反,如果倾听者身体稍微前倾、和对方直接面对、肯定的点头、活泼的动作、减少个人距离、适当的肢体接触、保持目光接触、自然的微笑、开放的形体姿态、身体放松,那就表示他愿意接纳对方,很想了解对方的想法,让说话的人感受到倾听者的支持和信任,就会向倾听者敞开心扉。

8. 尊重说话者的观点

倾听者应该尊重讲话者的观点,欣赏不同意见。即使不同意他的观点,你仍然可以表现出在积极倾听。否则可能会错过很多机会,而且无法和对方建立融洽的关系。尊重意味着完整地接纳对方,不仅接受他的光明面,对其价值观以及与自己的分歧也要表现出容忍、理解。除此之外,也能够帮助说话者建立自信,使他更能够接受别人不同的意见。尊重意味着与对方平等交流,真诚地对待对方,不因为对方身份、外貌等而区别对待。尊重对方的观点还表现为对对方的观点不评价、不反驳、不嘲笑、不讥讽、不大惊小怪乱发议论。

9. 回顾与总结

当和人谈话的时候,通常都会有几秒钟的时间,可以在心里回顾一下对方的话,整理出其中的要点所在。找出要点,并且把注意力集中在要点上面,不要注意各种枝末微节,有助于倾听者更容易地从对方的观点了解整个问题,也不会因为没听到对方话中的重点或是错过主要的内容,而浪费了宝贵的时间,或者作出错误的假设。回顾并整理出要点,也可以帮助我们继续提出问题。如果能指出对方有些话只说到一半或者说得不详细,说话的人就知道,我们一直都在听他讲话,而且也很努力地想完全了解他的话。如果不太确定对方比较重视哪些想法,就可以利用提问的方式,来让他知道我们对谈话的内容有所注意。

10. 适时、适度地提问

作为一个倾听者,在倾听过程中,适时、适度地提出问题,与对方交流思想、意见,往往有助于双方的沟通。要做到适时、适度地提问应注意以下方法和技巧。

(1) 提问要把握适当的时机

提问的时机十分重要,在倾听过程中遇到问题时,一定不要着急,要在理解了对方的谈话内容,正确把握了对方的情感,等对方充分表达完后,再提出来。这样既可以表示出对对方的尊重,又避免打断对方谈话的思路。提问的时机也不可太迟,如果某个话题已经说过很长时间了,你再反过来提问,对方的思路会重新被打断,认为你没有认真倾听,并且也会延长沟通的时间,势必对与你沟通产生不好的影响。

(2) 提问要注意适度

提问的内容要适度,要结合对方谈话内容来提出相关的问题;提问的数量要适度,不可过多,会使对方厌烦,也不可太少,对方可能得不到相关的信息反馈,会对你的倾听效果和态度产生疑问;提问的速度要适度,速度过快,对方可能听不清楚你的问题,来不及对问题作出及时反应,还会营造一种紧张氛围,过慢会让对方觉得不耐烦,失去和你沟通的兴趣和信心;提问的语气要适度,注意自己的语气要和想要表达的感情相吻合;提问的方式要适度,要依据具体需要和时间安排来确定是采用开放式还是封闭式提问。开放式提问给对方留的空间比较大,而封闭式提问只用简单的是或否就能回答,得到的答案比较明确。

技能训练

（一）案例分析

案　例　一

一个美国人为了在圣诞节和家人团聚，兴冲冲地从异地乘飞机往家赶。不料飞机在空中遭遇猛烈的暴风雨，随时都有坠毁的危险。在这危急时刻，空姐惊恐万状地吩咐乘客写好遗嘱放进特制口袋里。庆幸的是，飞机在驾驶员的冷静驾驶下平安着陆。

这个美国人死里逃生。回到家后异常兴奋，不停地转着、喊着、叫着，向妻子描述飞机上的险情。然而，他的妻子正和孩子兴致勃勃地装扮圣诞树，对他惊险的经历丝毫没有兴趣。男人发现没人在认真听他倾诉，他死里逃生的巨大喜悦与被家人冷落的孤独感形成强烈反差。于是，在妻子去准备蛋糕时，他爬上阁楼，用上吊的方式结束了从险情中捡回的宝贵生命。

【问题】

① 这个男人对家人倾诉的目的是什么？

② 如果你是他的家人，在他倾诉时你会怎么做？

③ 如果你是这个男人，发现家人对你的倾诉不感兴趣，会怎样？

案　例　二

小宇正在家里悠闲地看书、听音乐，这时候接到朋友打来的电话，朋友在电话里情绪很激动："我实习的单位太不像话了，每天让我干那么多活，可是给这么少的工资……我真不想干了。"这时，小宇可能出现的倾听反应是：

① 你不要这样激动，你刚毕业，没有经验，人家当然不会给你那么多工资，忍了吧。

② 都一样，我去的实习单位也好不到哪儿，经常还会加班，工资也是很少。

③ 你实习的单位太不像话了，干脆找一份新的工作算了。

【问题】

上述三种倾听反应你认为合适吗？如果是你会作出什么样的反应？

（二）故事与启示

聆听的小猫

小猫长大了。

一天，猫妈妈把小猫叫来，说："你已经长大了，三天之后就不能喝妈妈的奶了，要自己去找东西吃。"

小猫惶惑地问妈妈："妈妈，那我该吃什么东西呢？"

猫妈妈说："要吃什么食物，妈妈一时也说不清楚，就用我们祖先留下的方法吧！这几天夜里，你躲在人们的屋顶上、梁柱间、陶罐边，仔细地倾听人们的谈话，你自然会知道的。"

第一天晚上，小猫躲在梁柱间，听到一个大人对孩子说："宝贝，把鱼和牛奶放在冰箱里，小猫最爱吃鱼和牛奶了。"

第二天晚上，小猫躲在陶罐边，听见一个女人对男人说："亲爱的，帮我把香肠和腊肉挂在梁上，别让小猫偷吃了。"

第三天晚上，小猫躲在屋顶上，从窗户看到一个妇人叨念自己的孩子："奶酪、肉松、鱼干吃剩了，也不记得收好，小猫的鼻子很灵，要是被小猫叼去了，看你吃什么。"

就这样，小猫每天都很开心，它回家告诉猫妈妈："妈妈，果然像你说的一样，只要我仔细倾听，人们每天都会教我该吃些什么。"

靠着倾听别人的谈话，学习生活的技能，小猫终于成为一只身手敏捷、肌肉强健的大猫。它后来有了孩子，也是这样教导孩子："仔细地倾听人们的谈话，他们自然会教给你。"

【问题】
请谈谈这个故事对你的启示。

（三）情景模拟——十万元捐款

1．目标
（1）培养良好的倾听习惯。

（2）训练倾听技巧。

2．程序
（1）形式

将学生分为 5 人一组，每组选出一名组长。

（2）情景

现在你们小组收到了一笔十万元的捐助，你们必须通过小组讨论的方式决定如何花这笔钱。每个小组有 20 分钟时间来做决定，要求最后的决定必须小组的所有成员都同意，否则这笔钱就会给别的小组。以下几项选择供参考。

① 小组成员均分这笔钱。

② 小组成员集体旅游。

③ 捐给希望工程。

④ 建立一个基金，帮助小组中更需要的人。

⑤ 用来投资。

（3）规则

① 在讨论过程中，任何一名学生发言时，必须首先重复在他之前发言的那名学生的观点。

② 小组组长不参与讨论，他的职责是监督游戏中小组成员是否遵守了游戏规则；在游戏结束时，负责汇报本组的选择，分析导致该选择的原因，并且要不点名地评价小组成员的倾听技巧。

非语言沟通

人与人之间的交流，不仅仅通过言语，一个会心的微笑，一个跷起的大拇指，都在向别人传递善意的、肯定的、鼓励的信息，是言语无法替代的。非语言的沟通在人际交往中起着至关重要的作用。正确地理解和运用非语言的沟通手段会收到意想不到的效果。

情景描述

在一所大学的阶梯教室里，伴着铃声走进来一位年轻的老师，原来老教授生病了，这节课由她来代上。坐在第一排的李玲像往常一样将双臂交叠在胸前，认真地听课。她发现这名代课老师非常关注她听课的状态，目光时常会投向她那里。上完了一堂课，课间休息时，这名代课老师径直走到她的面前，问她："同学，你好，你对我的课是不是有什么不满意之处?"李玲一头雾水："没有啊，挺好的。"

你知道为什么代课老师会产生这样的误会吗?

情景分析

误会源自她双臂交叠于胸前的坐姿，双臂交叠于胸前暗示一种拒绝、敌意、防御的态度。初次上课的代课老师自然会非常关注同学们听课的状态，在意大家对她讲课的认可程度。李玲竟因为这样一个习惯性的动作引起了代课老师的误会。

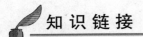

知 识 链 接

（一）非语言沟通的含义

当你和对方交谈时，对方不时地低头看他腕上的手表，你一定明白自己该赶紧告辞了。虽然他嘴上说"不急"，但他看表的动作在传递一个信息——他有急事要处理。

非语言沟通指除了语言沟通以外的其他各种沟通方式。包括副语言、身体语言（面部表情、目光、动作、姿势）、服饰仪态、时间、空间和距离等。非语言沟通在实际沟通活动中起着非常重要的作用，甚至比通过语言表达的信息更为重要。据美国的体语研究权威伯德惠斯特尔的估计，直接交往中有 65％的"含意"是通过非语言符号传递的。

（二）副语言

心理学家研究发现，人与人之间的交流 58％是通过视觉，35％是通过听觉来实现的，只有 7％是通过实际的语言。35％的听觉交流是通过"如何来表达语言"实现的，它包括音质、音调、音高、讲话的速度、语气以及停顿、叹息或嘟哝的声音等，这些被称为副语言，也叫辅助语言。副语言虽然有声音但却是非语言的。

1. 语速

人们说话的速度影响着听者对信息的接收和理解。人们说话的速度通常在每分钟 120～261 个音节之间。研究发现，说话者使用较快的语速被视为是更有能力的表现。当然，如果说话速度太快，人们跟不上，其语言的清晰度也可能受到影响。

2. 音调

音调指声音的高低，它决定了一种声音是否悦耳。有些人认为，高音没有低音悦耳，然而研究音调的人发现，如果说话者使用较高且有变化的音调，则被视为更有能力；用低音说话的人似乎是气量不足，可能被认为对所说的话没有把握或者害羞。但是，也有研究证明，当人们撒谎时会比平时的音调要高。

3. 音量

音量即声音的响亮程度。如果合乎说话者的目的，并不是不分场合地在任何时候都使用很大的音量就好。柔和的声音往往具有同样甚至更好的效果。

4．声音补白

这是在寻求要用的词时，用于填充句子或作掩饰的声音。像"啊"、"呀"、"这个"、"你知道"等这样的短语，都是表明停顿以及正在寻求准确词语的非语言方式。声音补白其实也是一种信号，事实上它能保护讲话者讲话的权利，因为它有效地表明"不要打断，我仍在讲话"。我们都在使用声音补白，但是如果不停地使用，或者它们已经分散听者的注意力了，那就会产生沟通问题。

5．音质

一个人的音质是由其他所有声音的特点，即速度、节奏、发音特征等构成的。声音质量是非常重要的，因为研究人员发现，声音具有吸引力的人更容易被人们认为有影响力、有能力和更为诚实。许多人对自己说话的声音没有一个明确的概念，当有些人在录像中看到自己和听到自己的声音时，总是对自己听到的声音不甚满意。当然，声音是可以通过自己的努力和专业人员的帮助来改变的。

（三）身体语言

身体语言是一种借助于表情、手势、体态、动作来达意、传情的特殊语言，包括身体动作、面部表情。

1．身体动作

身体动作主要指人们的躯体、四肢的动作，包括手部、头部、肩部以及腿部等。通过对身体动作的分析，可以判断人的心理活动或心理状态。

（1）手的动作

手的动作是身体动作中最重要也最明显的部分。不同的手势有不同的含义。

① 手指。大拇指伸出表示赞颂、崇敬、钦佩、夸奖、第一、老大等。例如"我们班的张一楠真了不起！"食指伸出表示指点事物的数目和方向，也可以是批评、指责、命令等。例如"你为什么要这样做？"小拇指伸出表示卑下、低劣，无足轻重等含义。例如"别看你人长得高大，但做起事来是这个。"

拇指和食指做成一个圆形，其他三指伸直，构成"OK"，它的意思是"好"；拇指与食指、中指相擒，则是一种"谈钱"的手势；分开食指和中指做成"V"字形，并将手掌朝向他人时，则意味着"胜利"；把食指垂直放在嘴边意味着"嘘"等。

五指张开招手表示招呼，左右摇晃表示拒绝。十指交叉表示自信或对对方感兴趣。

② 手掌。手心向上，胳膊伸向上方，或斜前方表示激越，大声疾呼，发出号召，憧憬未来。例如"我们相信，只要大家团结一心，共同努力，我们的明天一定会更

美好!"

手掌手心向下,居身体的下区,胳膊微曲,或斜劈下去,表示神秘、压抑、反对、制止、卑鄙、不愿意、不喜欢等。例如"这种不文明的行为,要坚决制止。"

两手由合而分,表示空虚、失望、分散、消极。例如"一个人如果没有远大理想,那他将一事无成。"

两手由分而合,表示团结、亲密、联合、会面、接洽。例如"我们要团结起来,把这项工作做好。"

在身体上区握紧拳头,表示誓死捍卫、决心、团结、奋斗。例如"人生需要目标,需要奋斗。"

在身体中区握紧拳头,表示怒火燃烧而又强忍或警告、威胁的意思。例如"好小子,总有一天我要让你知道我的厉害。"

③ 搓手。冬天搓手掌,是防冷御寒。平时搓手掌,正如成语"摩拳擦掌"所形容的跃跃欲试的心态,是人们表示对某一事情的急切期待的心情。运动员起跑前搓搓手掌,表示期待胜利;国外的餐馆服务员在你桌前搓搓手掌,问:"先生,还要点什么?"这实际上是对小费的期待和对赞赏的期待;在商务谈判中这种手势可以告诉对手或对手告诉你在期待着什么。

④ 背手。有地位的人都有背手的习惯,当他们站立或走路时,双臂背在背后并用一只手握住另一只手,表示的往往是一种优越感和自信。不仅如此,背手还可以起到镇定作用,双臂背在身后,表现出自己的胆略。学生背书,双手往后一背,能缓和紧张的情绪。但要注意的是,若双手背在身后,不是手握手,而是一手握另一手的腕、肘、臂,则成为一种表示沮丧、不安,并竭力进行自我控制的动作语言,暗示了当事者心绪不宁的被动状态。而且,握的部位越高,沮丧的程度也就越高。

⑤ 双手搂头。将双手交叉搂在脑后,这是有权威、占优势地位或对某事抱有信心的人经常使用的一种典型的表示高傲的动作。这也是一种暗示拥有权力的手势,表明当事者对某地、某物拥有所有权。如若双手支撑着脑袋,或是双手握拳支撑在太阳穴部位,双眼凝视,这是脑力劳动者惯用的一种帮助思考的手势。

⑥ 手臂。双臂交叉于胸前,暗示一种拒绝、戒备、敌意、防御的态度;双臂展开表示热情和友好;双手插裤袋表示冷淡或孤傲。

⑦ 握手。握手是现代社会习以为常的见面礼,正确的方法为伸出手时拇指向上,虎口张开,双方虎口互相接触,一旦接触便应轻轻放下拇指,用其余四指包住对方手掌。握手时双目应注视对方,微笑致意或问好。

根据握手的力量、姿势和时间的长短不同,可将握手分为以下几种类型。

- 支配性与谦恭性握手。握手时手心向下,传递给对方的是支配性的态度。研究证明,地位显赫的人习惯于采用这种握手方式。掌心向上与人握手,传递着一种顺从性的态度,表示愿意接受对方支配,谦虚恭敬。若握手双方都想处于支配地位,握手则是象征性的竞争,其结果是双方的手掌都处于垂直状态。研究表明,同事之间、朋友之间、社会地位相等的人之间往往采取这种形式的握手。

- 捏指尖式握手。女士同男士握手时往往会采用这种方式。这种握手方式不是满手张开去握住对方的整个手掌,而是轻轻地捏住对方的几个指尖,给人十分冷淡的感觉,其用意是要与对方保持距离。

- 双握式握手。采用这种方式握手的人是想向对方传递友好的情感,常常是先用右手握住对方的右手,再用左手握住对方的手背,双手夹握。西方亦称之为“政客式握手”。这种握手包括两种形式:一是“手握式握手”,即用两只手紧紧握住对方的一只手并上下用力摇动;另一种形式是用右手抓住对方的右手,左手同时作出各种“亲密”动作,例如,抓住别人的手腕、手臂、肩头等。左手触及对方身体的位置越高,就表示越热情,越亲密。

（2）头部动作

头部动作也是运用较多的身体语言,而且头部动作所表示的含义十分细腻,需根据头部动作的程度并结合具体的条件来对头部动作传递的信息进行判断。

① 点头。点头这一动作可以表示多种含义,有表示赞成、肯定的意思,也有表示理解的意思,有表示承认的意思,还可表示事先约好的特定暗号等。在某些场合,点头还表示礼貌、问候,是一种优雅的社交动作语言。

② 摇头。摇头一般表示拒绝、否定的意思。在一些特定背景条件下,轻微地摇头还带有沉思的含义和不可以、不行的暗示。

③ 偏头。偏头可表示诧异、犹豫、不解;另外,头朝对方略微侧转表示注意。

④ 低头。低头可表示娇羞、顺从、深思。

⑤ 垂头。垂头可表示无奈、沮丧、回避。

（3）肩的动作

耸肩膀这一动作外国人使用较普遍。由于受到惊吓,一个人会紧张得耸肩膀,这是一种生理上的动作。另外,耸肩膀还表达“随便你”、“无可奈何”、“放弃”、“不理解”等含义。

2. 身体姿势

一个人的身体姿势能够表达出他是否有信心、是否精力充沛。具体可以通过一个人的走姿、站姿、坐姿表现出来。通常精力充沛的姿势是：收腹、肩膀平而挺直、挺胸、下巴上提、面带微笑、眼睛里充满着必胜的信心。

（1）走姿

一个人的走姿最能体现他是否有信心。

头位：头部抬起，下颌微收，双目平视前方（约 5 米处），面带微笑，精神饱满。

上体：挺胸、收腹、立腰，上身略前倾。

摆幅：双肩自然下沉，手臂放松，手指自然弯曲，以肩关节为轴，上臂带动前臂摆动。两臂前后摆动的幅度不得超过 30 度。

步幅：每迈出一步，前脚跟到后脚尖之间的距离，一般为 1～1.5 个脚长。

步位：脚落地的位置，女士行走时两脚内侧着地的轨迹应在一条直线上，男士行走时两脚内侧着地的轨迹应在两条直线上。

步速：步速标准为女士每分钟 118～120 步，男士每分钟 108～110 步。

正确的走路姿势要做到轻、灵、巧。女士要轻盈、优雅；男士要稳定、矫健。

（2）站姿

优雅的站姿是动态美的起点，是最引人注意的姿态。

头位：头部抬起，双目平视听众（或前方），下颌微收，脖颈挺直，面带微笑，精神饱满。

上体：双肩下沉外展，两臂自然垂于身体两侧，双手也可自然交握于腹部上位（右手轻握左手指部位），挺胸、收腹、立腰，和谐有朝气。

腿位：臀部略收，双腿并拢直立，重心落于脚掌，挺拔自然。

脚位：女士可以双脚成“丁”字状，中间间隔 1～2 个拳宽，脚尖分开成 30 度夹角，呈“丁字步”，以身体略侧的“舞台姿态”站立；男士可以选择平行分列步（两脚并拢或稍微分开）站立。

（3）坐姿

头位：头正，下颌微收，双目平视对方（或前方），面带微笑。

上体：直腰、挺胸、收腹。

肩臂：双肩自然下沉，双臂自然弯曲。

手位：两手自然放在膝盖或扶手或桌面上；女士还可双手呈互握式，右手握住左手手指部分，放于腹前双腿上。

臀位：臀部占椅子面积的二分之一。

腿位：女士双腿并拢，双膝和脚跟并拢，绝不能两脚分开；男士双脚向外平移，两腿间距离不得超过肩宽，小腿与地面垂直，双膝分开。

脚位：有多种，男士一般是两脚张开，大致与肩同宽，平放地面。

坐姿要尽可能做到舒服地坐着，但不能降低自己的身份，影响正常的交流。当你听对面或旁边的人谈话时，你可以摆出一种轻松的而不是紧张的坐姿，通过微笑、点头或者轻轻移动位置，以便清楚地注意到对方的言辞方式，来表明你的兴趣与欣赏。

（四）面部表情

面部表情语言就是通过面部器官（包括眼、嘴、舌、鼻、脸等）的动作、姿态所表示的信息。美国学者巴克经过研究发现，光是人的脸，就能够作出大约 25 万种不同的表情。在交际过程中，交际双方最易被观察的"区域"莫过于面部。由于脸上的神色是心灵的反映，面部表情是人的心理状态的体现，因此，人的基本情感及各种复杂的内心世界都能够从面部真实地表现出来。我们在日常生活中时时都在使用面部表情这一身体语言。求人办事，请人帮忙，无一不需注意对方的"晴雨表"——脸色。由此可见，面部表情对于有效沟通起着重要作用。

1. 眼睛

目光接触，是人际间最能传神的非言语交往。"眉目传情"、"暗送秋波"等成语形象说明了目光在人们情感交流中的重要作用。有经验的说话者都很注意恰当而巧妙地运用自己的眼神，借以充分发挥口才的作用。如果一名沟通者说话不善于用眼神传情，总是呈现出一双无表情的眼睛，就会给听众一种呆滞麻木的感觉，无法引起听者的注意，有损于语言的表达。

（1）注视

行为科学家断言，只有在相互注视到对方的眼睛时，彼此的沟通才能建立。沟通中的目光接触非常重要，甚至有的民族对目光接触的重视程度远远超过对语言沟通的信赖。在阿拉伯国家，阿拉伯人告诫其同胞"永远不要与那些不敢和您正视的人做生意"。在美国，如果你应聘时忘记看着主考官的眼睛，就别想找到一份好工作。一般来讲，讲话者说话时，目光要朝向对方，适度地注视对方的眼和脸，不要仰视天上，也不要俯视地面，不要斜视对方，也不要不停地眨眼。

沟通中注视的方式和时间对双方交流的影响十分重要，具体来说有以下几个方面。

① 注视的部位。注视的部位因场合的不同而有很大的区别。如果是公事，目光限制于前额到双眼，使人感觉你很诚恳、认真；如果是社交，可以注视双眼到嘴的倒三角区；如果是关系非常亲密的朋友，可以注视双眼到胸部之间的部位。

② 注视的方式。眨眼是人的一种注视方式。眨眼一般每分钟 5～8 次,若眨眼时间超过一秒钟就变成了闭眼。在一秒钟之内连眨几次眼,是神情活跃,对某事物感兴趣的表示;时间超过一秒钟的闭眼则表示厌恶、不感兴趣,或表示自己比对方优越,有蔑视或藐视的意思。

③ 注视的时间。有时,我们和有些人谈话感到舒服,有些人则令我们不自在,甚至看起来不值得信任,这主要与对方注视我们的时间长短有关。当一个人不诚实或企图撒谎时,他的目光与你的目光相接往往不足全部谈话时间的三分之一。如果某个人的目光与你的目光相接超过三分之二,可以说明两个问题:第一,对你或说话的内容感兴趣,这时他的瞳孔是放大的;第二,对你怀有敌意,向你表示无声的挑战,这时他的瞳孔会缩小。总的来说,若想和别人建立良好的关系,在整个谈话时间里,你和对方的目光相接累计应达到 50%～70% 的时间,只有这样才能得到对方的信赖和喜欢。异性之间交流时,不论男性还是女性都不可长时间地注视对方。

（2）扫视与侧视

扫视常用来表示好奇的态度,侧视则表示轻蔑的态度。在交际过程中过多地使用扫视,会让对方觉得你心不在焉,对讨论的问题没兴趣;而过多地使用侧视会造成对方的敌意。

（3）闭眼

长时间的闭眼会给对方以孤傲自居的感觉。如果闭眼的同时,还伴有双臂交叉、仰头等动作,就会给对方以故意拉长脸、目中无人的感觉。

2. 眉毛

俗话说"眉目传情",眉和目总是连在一起来传递信息的,眉毛的运动可以帮助眼神的传递,可以传递像问候、惊讶、恐惧等信息。如果你眯起双眼,眉毛稍稍向下,可能表示你已陷入沉思当中;如果你眉毛扬起,可能是一种怀疑的表情,也可能是心情兴奋;如果紧锁眉头则表示焦虑等。一般来说,西方人比东方人更会运用眉毛来传递信息。据报道,西方人能用眉毛来传递 28 种不同的信息。

3. 鼻子

虽然鼻子很少表现,而且大都用来表现厌恶、戏谑之情,但若用得得当也能使话语生辉。例如,愤怒时,鼻孔张大、鼻翼翕动,感情会表达得更为强烈。在沟通活动中,当你内心对某事不满时,应理智地处理它,或委婉地说出来,千万不能向对方皱鼻子。

4. 嘴

嘴的动作也能从各方面反映人的内心。嘴的表情是通过口型变化来体现的:

撅嘴表生气、抿嘴表害羞、努嘴表暗示、撇嘴表不愿、咧嘴表高兴、歪嘴表不服。忍耐时紧咬下唇；微笑时嘴角上翘；气急时嘴唇发抖等。当然，嘴还可以和身体的其他部位配合以表示不同的含义。

5. 微笑

微笑是最美的语言。微笑来自快乐，它带来快乐也创造快乐。在人际交往中，微微一笑，双方都从发自内心的微笑中获得这样的信息："我是你的朋友"，微笑虽然无声，但是它说出了如下许多意思：高兴、欢悦、同意、尊敬。请你时时处处把"笑意写在脸上"。

把微笑运用到日常工作中去，会给我们带来意想不到的成功。正是因为如此，不少企业，特别是在服务业，开始对其员工进行微笑培训，让他们学会微笑。

善于交际的人在人际交往中的第一个行动就是面带微笑。一个友好、真诚的微笑会传递给别人许多信息。微笑能够使沟通在一个轻松的氛围中展开，可以消除由于陌生、紧张带来的障碍。同时，微笑也显示出你的自信心，表示你希望能够通过良好的沟通达到预定的目标。

（五）服饰仪态

正如一位人际关系专家所说的那样："如果你不能使自己看起来像模像样，那么你就很可能错失良机。"在现代生活中，人们的着装打扮已远远超越了最基本的遮羞避寒的功能，其更重要的功能是向别人传递属于个人风格的信息。服装、饰物及化妆等非语言方式都在作为沟通的手段而发挥着重要的作用。

1960 年美国总统大选，在电视辩论之前，美国的舆论普遍认为，尼克松的政治实力要远远超过肯尼迪，因为尼克松当时已经当了好多年的副总统，而且他在美国政治圈中已经成为一个著名的政治人物，而当时肯尼迪只是一个初出茅庐的年轻人，只有 43 岁。但是辩论以后通过民意调查发现，凡是收看电视辩论的人，绝大多数人认为肯尼迪赢了；凡是听收音机辩论的人，大多数都认为尼克松赢了。

为什么会有这样的差别呢？因为通过电视全国选民看到的尼克松穿着灰色的西装，在灰色的背景映衬下显得模模糊糊，脸上胡子也没刮干净，看上去还老冒汗，不断地拿出手帕来擦额头，显得憔悴不堪，无精打采。相反，肯尼迪看上去神采奕奕、精神焕发，正是仪容仪表上的差异和对比，帮助肯尼迪以微弱优势获胜，使竞选的结果出人意料。

1. 服装

服装本身是不会说话的,但衣服的颜色、款式和风格等能够传递许多信息,不仅可以表示一个人的社会地位、身份和职业性质,而且能够反映人的心理特点和性格。服装能够透露人的感情信息,常常是如何感觉的就会如何穿着,而穿着如何又会影响着你的感觉。衣着是"自我形象"的延伸扩展。同样一个人,穿着打扮不同,给人留下的印象也完全不同,对交往对象也会产生不同的影响。

美国有位营销专家做过一个实验,他本人以不同的打扮出现在同一地点。当他身穿西服以绅士模样出现时,无论是向他问路或问时间的人,大多彬彬有礼,而且本身看来基本上是绅士阶层的人;当他打扮成无业游民时,接近他的多半是流浪汉,或是来找火借烟的。

服装对非语言沟通极为重要。

(1)服装的种类

一般来说,服装可以分成制服、职业装和休闲装几类。

制服是最专业化的服装形式,它表明穿着者属于一个特定的组织。最常见的制服是军装,军装告诉人们着装者在军队中所处的地位以及与他人的关系。

职业装是企事业单位为员工提供的服装,它不像制服那样刻板。它是企事业单位形象识别系统的组成部分,如公司为员工提供的职业装和学校为教职工提供的职业装等。和制服相比,穿职业装的职员有的会有一些选择空间。如一个公司可能要求员工穿西装,但员工可以自由选择颜色和式样。

休闲装是工作之余的穿着,这种服装的选择权在个人,所以休闲装能够表现人的个性。

(2)服装的颜色

服装的颜色非常值得注意。在西方,黑色指丧服的颜色,白色为婚庆礼服的颜色;但在东方,丧服往往用白色,婚庆用红色。在古代欧洲,紫色一般是权力的象征;而在古代中国,黄色才是不可侵犯的权贵颜色。皇帝的龙袍是黄色的,唐朝以后甚至规定非天子不得穿黄袍,不过紫色在古代中国也代表权贵。在正式的工作场合,最佳颜色为黑和白,其次是灰色、褐色系列。

(3)着装的要求

① 着装要符合一个人的年龄、职业和身份。

管理者的着装要体现自己的身份,并且要让自己的着装能给人留下美好的印象。服装的穿着能表明管理者大概是什么样性格特点的人。在社交场合中,人们对新来者的第一印象就是看他的穿着如何,并根据第一印象对新来者作出某种初步的判断。

职业装明确表明了人们的身份,促使每一个人自觉维护集体的荣誉、热爱本职工作、增强责任心,同时树立起良好的企业形象,使人们产生信任感。

② 着装要符合一个人的脸型、肤色和身材。

人的个子有高矮、体型有胖瘦、肤色有深浅,穿着应考虑到这些差异,扬长避短。一般来说,个子较高的人,上衣应适当加长,衣服颜色最好选择深色、单色或柔和的颜色;个子较矮的人,上衣应稍短一些,服装款式以简单直线为宜,上下颜色应保持一致,不宜穿大花图案或宽格条纹的服装,最好选择浅色套装;体型较胖的人,衣服款式应力求简洁、中腰略收,宜选择小花纹、直条纹的衣料,最好是冷色调,以达到显"瘦"的效果;体型较瘦的人应选择色彩鲜明、大花图案以及方格、横格的衣料,给人以宽阔、健壮的视觉效果。另外,肤色较深的人穿浅色服装,会获得健美的色彩效果;肤色较白的人穿深色服装,更能显出皮肤的细洁柔嫩。每个人在决定自己的服饰穿戴上,要根据自己的具体情况而定,不必墨守成规。

2. 饰物

饰物在人的整体装饰中至关重要,一件用得适当的饰物好似画龙点睛,能使你气质出众。佩戴饰物有三点要求:与服装相协调;与人相协调;与环境相协调。不要在正式场合询问对方所佩戴饰物的新旧、价格及购自何方,更不能动手去触摸对方的饰物,这样会使对方感到恼火。

任何时候在室内都不能戴帽子、手套。女士的纱手套、帽子、披肩、短外套等,作为服装的一部分,则可在室内穿戴。在他人办公室或居室里,不要乱放自己的衣帽,当主人允许后,才可以按照要求放好。

① 领带。领带和领结被称为西装的灵魂,选择上应下一番工夫。在正式场合穿礼服时,可配以黑色或白色领结。蝴蝶结在运动场上或比较轻松的场合里大受欢迎,但打上蝴蝶结参加社交活动给人感觉就不太严肃了。

② 腰带。男士的腰带分工作和休闲两大类。工作中应以黑色和棕色的皮革制品为佳,而配休闲服装的腰带,只要漂亮就可以。腰带的颜色和式样不宜太醒目。女士系腰带应考虑同服装相配套,还要注意体型问题,如是纤细柳腰,系上一条宽腰带会楚楚动人;如腰围太粗,可系一条环扣粗大的腰带,使腰带的环扣成为瞩目的焦点。

③ 纽扣。纽扣在服装上的作用也是很大的。女士服装上的纽扣式样可以千姿百态,而男士的纽扣则不宜追求新潮。西装上衣为双排扣的,穿着时一定要把扣全系上。如果是单排扣的,还有两粒与三粒纽扣之分。前者应系上面那一粒纽

扣,后者应系中间那一粒纽扣。

④ 眼镜。眼镜选配得好,可使人显得儒雅端庄。方脸的人要选大圆框、粗线条的镜框,圆脸的人宜选四方宽阔的镜框,而椭圆形脸最适合选框型宽阔的眼镜。在室内不要戴黑色等有色眼镜,如遇眼疾不得已而为之,应向主人说明缘由。

⑤ 手提包。女士手提包应套在手上,不要拎在手里,手提包的大小应与体型相适应。男士在公务活动中携带的公文包应以黑色、棕色的上等皮革制品为佳。女士用的钱夹可以随手携带,或放在提包里。男士的皮夹只能放在西装的上衣内侧口袋里。

3. 化妆

化妆跟衣服一样,是皮肤的延伸。常见的化妆品有眉笔、胭脂、粉、唇膏、指甲油、香水等。化妆的目的在于重整面部焦点的特征,例如,单眼皮变双眼皮,细小的眼睛变大的眼睛,扁平的鼻子显得高耸,青白的面色变得红润,等等。

化妆是一种身体语言,一位女士精心打扮,除了令自己更好看,还可能"告诉"你三件事:第一,我肯花时间在化妆上,而时间就是金钱,所以我的社会地位并不低;第二,我的化妆品是昂贵的,这反映了我的财富;第三,我与其他同样精心化妆的人是特别的一群人,与你们不同。

4. 仪态

在不同的场合,沟通者都要具有大方、得体的仪态,才能显示出自己的修养和交际技巧。

（1）办公室仪态

无论你是主人或访客,在公务交际中最重要的是随时保持优雅、警觉以及有条不紊的态度。在接待访客时,如果没有接待人员引导访客到你的办公室,你应该亲自出去迎接,问候来客,并且带他到你的办公室;当接待人员将访客带到你的办公室时,你应马上站起来,快步走出,热情握手,寒暄问候,表达出你很高兴见到对方,并视他为一个重要访客。当由于一些突如其来的事情耽误了你的接待时间,如果必须让客人等待 10 分钟以上,则应抽出一两分钟,到办公室外面问候客人,表明你的歉意,安抚访客的情绪。约定的人到来时,如果你正在打电话,应该马上结束,并告诉对方处理完事情给对方回电话。等客人在安排好的座位上落座后,你再坐下,请客人喝茶,然后进入谈话的正题。

当你较忙,工作安排很紧凑,而来访的人逗留时间过久,或者下面另有一位重要客人来访,而你必须给予特别的接待,你可以看着你的手表说:"我很抱歉,下面还有一个重要的会议,几分钟前就开始了。"同时,给对方留一点时间说最后一两句话。然后把访客送到门口,有礼貌地道别。

（2）商业拜访仪态

在进行商业拜访时,应当按约定时间准时到达。在等待期间,尽量不要向接待人员提任何要求,避免干扰对方正常工作。如果等待时间较长,可向接待人员询问还需要等多久,但不要不停地问,抱怨你等了很久,要保持安静,有礼貌。当离开接待室时,应记得道谢。

（3）宴请仪态

沟通者在餐桌上的仪态最能体现他的风度。在宴请时,如果你是客人,等主人示意你坐下时才能坐下;如果你是主人,则应以缓和的手势,示意客人落座。在客人开始用餐后,你才可以开始用餐,这个规矩对于上每一道菜都适用。

用餐时应把餐巾放在你的腿上,如果用餐途中你必须离开餐桌,则应把它放在你的坐椅上,千万不要放在桌上。唯有用餐完毕,大家都已站起来准备离去时,才可把餐巾放在桌上。用餐的坐姿应该笔直、有精神,一副懒洋洋、没有精神的姿态,给人一种没活力、慵懒无力的印象,不利于良好的沟通。

（六）时间、空间和距离

除了运用身体语言外,人们也可以通过时间的安排、环境的布置、距离的保持等手段进行非语言的沟通。

1. 时间

安排和运用时间的方式能透露一个人的性格和态度,传达一个人的沟通信息。

例如约会,如果对方约你 7 时见面,你准时或提前片刻到达,除了表明你是一个守时践约的人,更体现交往的诚意。如果你 8 时才到,尽管你表示抱歉,也必然会使对方不悦,对方会认为你不尊重他,而无形之中为沟通设下障碍。再例如在参加面试的时候,如果部门经理延长了与面试者的谈话时间,那么他就以这种方式发出非语言信号,表明他对接受面试者感兴趣。相反,如果部门经理在刚刚开始的时候就试图匆匆结束面试,那很可能说明他对面试者不怎么感兴趣。

文化背景不同,社会地位不同的人的时间观念也有所不同。如德国人讲究准时、守时;如果应邀参加法国人的约会千万别提早到达,否则你会发觉此时只有你一个人到场;美国人对准时赴约的要求近于苛刻;非洲一些国家的人却漫不经心;伊朗人甚至常常失约。

2. 空间与距离

有关空间和距离的研究,也称为空间关系学,它涉及使用周围空间的方式及坐或站时与他人保持的距离。

（1）空间位置

位置在沟通中所表示的最主要的信息就是身份。你去拜访一位客户，在他的办公室会谈，你坐在他办公桌的前面，表示他是主人，他拥有控制权，你是客人，你要照他的安排去做。在开会时，积极地坐在最显眼位置的人，表明他希望向其他人显示自己的存在和重要性。宴请的位置也很讲究主宾之分，东道主坐在正中，面对上菜方向，他右侧的第一个位置为最重要的客人，他左侧的第一个位置留给第二重要的客人，其他客人、陪同人员以东道主为中心，按职务、辈分依次落座。由此可见，位置对于沟通双方的心理影响是非常明显的。

（2）距离

观察人们在自己与他人之间保持的距离，可以发现哪些人处于密切的关系中，哪些人处于更为正式的关系中。如果你走进总经理的办公室，他继续坐在自己的办公桌前，可以预见你们的谈话将是正式的；如果他请你在房间一角舒适的椅子上与他并肩而坐，则安排了一种更为亲切的情景，那么谈话将会是非正式的。人际沟通一般有四个层次的空间距离：亲密距离、私人距离、社交距离和公众距离。

① 亲密距离。亲密距离用于感觉非常亲近的人，这种空间始于身体接触，向外延伸约 0.46 米（18 英寸），用于情侣和挚友之间。在商务活动和工作场所，很少使用这种距离。虽然某些时候，一个人向另一个人耳语、握手、拥抱也很常见，但这样的接触通常在数秒内结束，当事人会立即回复到社交距离或公众距离。

② 私人距离。相距 0.46～1.22 米（18 英寸到 4 英尺），是人们在进行非正式的个人交谈时最经常保持的距离，即私人距离。这个距离允许人们与朋友和熟人随意谈话。这一空间通常被说成是看不见的气泡，将每个人团团围住，它的大小可根据交流情形膨胀或缩小。

③ 社交距离。当对别人不很熟悉时，最有可能保持一种 1.22～3.66 米（4～12 英尺）的社交距离。非个人事务、社交性聚会和工作访谈等都是利用社交距离的例子。在一个有许多工作人员的大办公室里，办公桌是按社交距离摆放的，这种距离使每个人都可以把精力集中在自己的工作上。在一些重要人物的办公室，办公桌也大到足以使来访者保持恰当的社交距离。

④ 公众距离。公众距离由 3.66 米（12 英尺）延伸至听觉距离，这一距离大多用于公众演讲中，因此，它不适合人与人之间的沟通。在公众距离下，人们说话声音更大，手势更夸张，同时人们相互影响的机会也更少。

（3）影响空间和距离的因素

人们谈话时应保持什么样的距离、办公室应该多大及该如何装修、会议室应安放什么样的会议桌（圆形的、椭圆形的或其他形状的），所有这些都与空间有关，而空间的构成则完全根据个人的地位及彼此间的关系不同来决定。沟通者必须知道，在不同场合中什么样的空间行为是合适的，什么样的空间行为是不合适的，这些行为对沟通都有一定的影响。

 ## 技 能 训 练

（一）语气训练

① 请用不同的语气说"你来得真早！"
② 你能把"一块钱"念得好像比"一万块"钱还多吗？
【提示】
缓慢、沉重。

（二）声音训练

① 练习使自己的声音自然悦耳，有节奏感。
【方法】　强调重点——有变化感，主次分明；改变音调——抑扬顿挫，情感起伏；变化速度——每分钟达到120字。
② 练习使自己的声音铿锵有力，自信雄浑。
【方法】　胸腔共鸣，学牛叫"哞——"。

（三）案例分析

请分析下面案例中的非语言信息。

马丽掩饰不住她内心的喜悦，在她轻快的脚步里，在她自信的笑容中，在她眼睛的光芒里，在她的一举一动中。昨天，一家有名的广告公司的首席与她有力地握手，使她完全确信自己梦寐以求的工作机会属于她了！

（四）故事与启示

有一次，意大利著名悲剧影星罗西应邀参加一个欢迎外宾的宴会。席间，许多客人要求他表演一段悲剧，于是他用意大利语念了一段"台词",尽管客人听不懂他的"台词"内容,然而他那动情的声调和表情,凄凉悲怆,不由使大家流下同情的泪水。可一位意大利人却忍俊不禁,跑出会场大笑不止。原来,这位悲剧明星念的根本不是什么台词,而是宴席上的菜单。

【问题】

请结合本单元所学内容,说一说这则故事给我们什么启示?

(五)游戏——噤声排队

1. 目标

(1) 体会非语言沟通的作用。

(2) 训练在条件限制下的沟通能力。

2. 形式

10 人一组,分成若干组。

3. 方法

准备 10 张卡片,上面写上不同的数字,打乱数字大小顺序,每名同学发一张卡片,拿到卡片后不能说话。

4. 规则

① 听到游戏开始指令后,将卡片上的数字按照由小到大的顺序排成一行。

② 在此过程中任何人不得说话,不能直接写出数字,只能通过肢体语言进行沟通,不能直接写出自己的数字给其他人看。

③ 排列结束后,举手示意。排列正确用时少的组获胜。

(六)实验与启示

心理学家曾做过这样一个实验:找 100 个人作为受试者,让他们根据陌生人的照片进行判断,说出对哪些人的印象最好,哪些人的品德和能力更强。结果 90% 的受试者指出面带微笑的人的能力、品行最好,给人留下最好的印象。由此可见,微笑对塑造自身的良好形象有着重要的作用。

【问题】

你是一个愿意笑的人吗?你会经常以微笑示人吗?请谈一谈这个实验带给你的启示。

（七）朗读训练

下面是著名广告人弗雷克·伊文在为考林公司所做的广告中。提到的一首小诗,请带感情朗读。

圣诞节一笑的价值

微笑不需要太多的付出,可是却有很多的收获;

微笑令获得者蒙益,可是施予者也无损失;

微笑发生于那一刹那,可是给人的回忆却是永恒;

微笑不会因为你有钱,你便不需要它,而贫穷的人,却因它而致富!

微笑在家庭中能产生快乐的气氛;在生意场上,能制造好感;在朋友间,是善意的招呼!

微笑使疲惫者有了休息,使失望者获得光明,使悲哀者迎向阳光,又使大自然解除了困扰!

微笑无处可买,无处可求,无法去借,更不能去偷……

如果在圣诞节,最后一分钟的忙碌中,我们的店员或许太疲倦了,以致没有给你一个微笑,能不能留下你的微笑?

因为没有给人微笑的人,更需要别人给他微笑。

所以微笑吧,无论何时! 带着微笑你会发现生活的变化有多惊人!

第二部分

实 践 篇

单元十一　称　呼

在人际交往中，正确、得体的称呼，不仅体现对对方的尊重，也反映着自身的教养、知识水平和文明程度。适合的称呼会给人带来满足感，使人心情愉快，有助于形成亲密和谐的人际关系。

情景描述

安安参加工作不久，有一天下班，在电梯里遇到了单位的一位领导，不算太熟悉，但凭直觉判断眼前的人是领导。但是安安怎么也想不起这位领导姓什么，更不知道应该称呼他什么。当时电梯里只有他们两个人，不打招呼总觉得太不礼貌了，但是到底应该叫对方什么，安安很纠结。最后她还是拿出了那个学生时代屡试不爽的称呼，对着领导说了一句："老师好！"从领导的表情里，安安才知道这个称呼有多失败。在双方都愣了几秒之后，领导应了安安一声，才算把这个尴尬的局面给缓和过去。

事后安安才知道，那天在电梯里遇到的人正是她单位里的一把手，平时大家都称呼他的职位，很少有人叫他老师。

如果你是安安，在当时情况下会如何称呼呢？

情景分析

称呼是否得体，能反映出说话人的道德修养、知识水平和文明程度，也能充分体现出说话人的社交能力和技巧。小小的称呼，其实包含着大学问。称呼映射出一个人的地位和对方对他的尊重。称呼不能一股脑儿往上套,还得具体问题具体分析。如果一不小心没有顾及别人的感受,或者没有定位好与别人的隶属关系,那样就会造成一些不必要的尴尬,甚至可能触及某些人的心理防线,造成人际关系的阻碍。

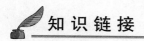

知 识 链 接

称呼是人们在日常交往中,所采用的彼此间的称谓语。适合的称呼会给人带来满足感,社会心理学家认为得体的称呼能缩短人们之间的心理距离,使人心情愉快,有助于形成亲密和谐的人际关系。

(一) 称呼的原则

1. 尊重原则

与人交往,尊重对方是前提,所以在称呼对方时的首要原则就是尊重对方。只有这样,对方才会乐于与你交往,主动和你沟通,使双方的交往有良好的开端。例如走在路上,有人拦住你问:"喂,火车站怎么走?"你肯定不愿意回答他。

2. 礼貌原则

礼貌是尊重别人的体现。合乎礼节的称呼,既表现出自己的礼貌和良好的修养,更表现出对对方的尊重。如学生面对老师,直呼其名,显然是不礼貌的,会让人不快,称呼"老师"则比较得体。

3. 适合原则

选择称呼要合乎常规,要照顾被称呼者的个人习惯,入乡随俗。称呼要注意场合,如在工作场合,人们彼此之间的称呼要庄重、正式、规范,职务职称是最合适的称呼,如"李处长"、"王局长"、"张主任";也可以用职业称呼"王医生"、"李老师";对德高望重的老同志,可称"×老"。

社交中有些特定的称呼,如小名、绰号、昵称,在私人日常交往时,这些称呼显得彼此十分亲近;但在正式场合,称呼别人小名、绰号、昵称都是不适合的。

(二) 称呼的方式

生活在社会交际圈子里面既要适应不同的人对自己的称呼,也要学会如何通过称呼来与别人正常的交往。

① 称姓名。一般有三种情况:直呼姓名;只呼其姓,在姓前加上"老"、"大"、

"小"等前缀；只称其名，不呼其姓。称姓名通常用于同学、亲友、邻里之间，身份、职务相当的同事之间，及上司称呼下级，长辈称呼晚辈等。

② 称职务。以交流对象的职务相称，以示尊重。如"主任"、"经理"、"处长"，这是一种最常见的称呼。有三种情况：称职务，如"主任"；在职务前加上姓氏，如"李主任"；在职务前加上姓名，如"李林主任"，这种称呼适用于非常正式的场合。

③ 称职称。对于具有职称者，在工作中直接以其职称相称。如"工程师"、"教授"、"博士"等。称职称时可以只称职称、在职称前加上姓氏、在职称前加上姓名（适用于十分正式的场合）。

④ 称职业。对于从事某些特定行业的人，可直接称呼对方的职业。如"老师"、"医生"、"会计"、"律师"、"护士"、"空姐"、"乘务员"、"服务员"、"营业员"等，有的也可以在职业前加上姓氏、姓名，如"李老师"、"王洋老师"。

⑤ 拟亲称。对非亲属的对方以亲属称谓来称呼，这是在日常生活中最普遍的称呼。如"叔叔"、"阿姨"、"哥哥"、"姐姐"、"大妈"、"大叔"、"爷爷"、"奶奶"等，有时也可加上姓氏，如"张叔"、"王姐"等，以示尊敬。

⑥ 泛尊称。如"同志"、"先生"、"女士"、"小姐"、"太太"、"夫人"、"姑娘"、"小伙子"、"师傅"等，适用于不了解身份的陌生人。如今"同志"、"小姐"这两个称谓的含义有所变化，有时要尽量避免使用。

在国际交往中，除了议员、教授、医生等特殊人士，一般人不用职称，按照国际通行的称呼惯例，对成年男子称"先生"，对已婚女子称"夫人"、"太太"，对未婚女子称"小姐"，对年长但不明婚姻状况的女子或职业女性称"女士"。称呼的方法是在他们姓氏前加上"先生"、"女士"、"小姐"等称呼。如一时拿不定主意该如何称呼，也可直接问对方："请问，我该怎么称呼您呢？"

（三）称呼的技巧

① 记住并准确地称呼对方的姓名，会让人一见如故。美国交际学家戴尔·卡耐基说："一个人的姓名是他自己最熟悉、最甜美、最妙不可言的声音。"在交际中，最简单、最重要、最能获得好感的方法，就是记住别人的名字。否则，即使有过交往的朋友也会生疏起来。重视别人的名字，就如同看重他本人一样。

据说，当罗斯福总统的专用轿车被送到白宫时，造车工人也被介绍给总统。当总统兴高采烈地与前来参观的人寒暄之际，这位生性腼腆的工人一直默默地站在一旁。最后，他们要离去时，罗斯福找到这位造车工人，叫出了他的名字，和他亲切握手，并热情致谢。当然那位工人非常感动。这件事成为罗斯福的美谈。

② 通常在正式场合的称呼,应注重身份、职务、职称、职业等,显得正式而庄重;在非正式场合,则可以以辈分、姓名等称呼,亲切而随意。

③ 一般情况,称呼他人就高不就低。例如,别人为副教授,称呼其教授;别人为副处长,称呼为处长;别人为副经理,称呼为经理。当然,如果正式场合正副手同时在场时,还是使用全称更为妥当些。

④ 尽量往年轻里称呼。在日常生活中,对于不了解身份、年龄的人,称呼时要尽量往年轻里称呼,可以叫"姐姐"不要叫"阿姨",可以叫"阿姨"、"大妈"不要叫"奶奶",尤其是女性,对于自己的年龄非常敏感,如果被叫"老"了,她们会很不高兴。

⑤ 如果在同一场合有很多人,称呼时应按一定的顺序。称呼的顺序一般以先长后幼、先上后下、先女后男、先亲后疏为宜。如 1972 年,周恩来总理在欢迎美国总统尼克松的招待会上这样称呼:"总统先生,尼克松夫人,女士们,先生们,同志们,朋友们!"这种称谓客气、周到而又出言有序,体现出了总理外交家的风度,给人们留下了深刻的印象,是我们学习的典范。

⑥ 需要避免以下几种称呼。

- 根本不用称呼,或以"喂——"来代替称呼。有的人问路时,对方不太热情,其实不一定就是对方冷漠无礼,应首先反思一下自己的表达和称呼有没有问题。

- 不礼貌的称呼。如称小孩子为"小东西",老年人为"老太太"、"老头儿"等。

- 用"的"字结构称呼。如商场里,收银员喊:"穿红衣服的,你没付款呢!"这种"的"字结构的称呼,含有轻视、不尊重对方的色彩,改为"穿红衣服的女士"就不会令人不快了。使用"的"字结构的称呼时,要在后面加上"先生"、"女士"等通称。

- 替代性称呼。某些窗口单位和服务行业,直接叫号:"7 号"、"4 床"或"下一个"等,连基本的称呼都没有,只能给消费者和顾客留下糟糕的印象,是极不妥当的。

技能训练

(一)称呼实践

① 你有被人不得体称呼的经历吗?请谈一谈你的经历和感受。

② 客房服务员小李推开 302 号客房门，问单独住在这里的中年女房客道："太太，您的房间要打扫吗？"小李的称呼是否得体？应该怎样称呼？

（二）补全称呼

每个人都有多重身份，不同的场合，不同的对象，适合的称呼才是得体的。请将下列序号处省略的称呼补全，并想一想刘雯的失误在哪里？

　　宋义华今年五十岁，是我小学和中学的同学，我们可以说是青梅竹马。同学们一起的时候，一般都是直呼其名"①____"，兄弟们叫他"②____"，他在某单位是正局长。

　　一天，党委李书记打电话来："③____啊，咱们下午开个会，研究一下关于开年终总结会的问题。"这时候，刚好秘书进来了："④____，这里有一份文件，请您签一下。"宋局长说："好的，我下午要开个年终总结方面的会，你帮我准备一些材料。"秘书打电话给办公室："小王吗？请帮我找一份今年各项工作完成情况的材料及去年年终总结会的资料，⑤____下午开会要用。"

　　中午，宋局长的妻子打电话来："⑥____（他们的儿子叫宋小华），今天晚上想吃什么菜？我去买。""晚上有接待任务，不能回家吃饭了。"

　　下午，李书记、宋局长和其他几个副局长正在宋局长办公室开会。下属单位职员刘雯，是专门负责单位对外联络工作的，经常到局里办事，与几位局领导也比较熟悉。她今天刚好来局里办事，顺便到宋局长办公室送一份材料，踏进宋局长办公室门才发现领导们在开会，就很热情地打了个招呼："嗨！⑦____"，在座的几位领导一愣，接着哄笑起来，有的人强忍着不敢笑。宋局长的脸啊！一会儿黄一会儿绿。从此刘雯再也没有机会到局里办事了。

　　①_____　②_____　③_____　④_____　⑤_____
　　⑥_____　⑦_____

（三）案例分析

　　张林今年二十多岁，在繁华的商业街开了一家服装店，每次有顾客进店，不管看上去比他年轻还是年长，他都会主动招呼："大姐，想买什么？"他觉得叫一声"大姐"显得亲切。可营业了一个多月，他发现总是看的多，买的少，顾客总是说"随便看看"之后转转便出去了。旁边的服装店服装款式、质量和他的店差不多，却是生意兴隆。

【问题】

你能帮助张林分析一下原因吗?

(四) 故事与启示

故 事 一

西班牙著名大提琴家卡萨尔斯,未成名时去布鲁塞尔音乐学院应聘,主试教授让他等了许久才出来接见。教授扔出一大堆乐谱说:"西班牙小鬼,你来给我们演奏些什么?"卡萨尔斯说:"应该都会吧。"教授不屑地奚落他:"瞧,他一定无所不知!"然后指定他演奏刚问世的一支曲子。当卡萨尔斯演奏完毕后,他的出色才华令教授刮目相看。教授和蔼地说:"你到我班上来吧,你一定会获得一等奖!"谁知卡萨尔斯摇了摇头,说:"不,你在学生面前嘲笑了我!"说罢,扬长而去。

【问题】

卡萨尔斯为什么拒绝了教授的邀请? 请具体说一说教授的失误在哪里。

故 事 二

叶岚上中学时有位姓冯的历史老师,课讲得好,上下五千年,全在三寸舌。学生们都对他崇拜得五体投地,那时大家自然叫他老师,没有别的称呼。

几年后,叶岚大学毕业又回到这所中学当语文老师。重入校门,正遇上那位历史老师,虽说是同事了,但一日为师,终身为师。遂热情地叫他一声"冯老师",岂料他一本正经地冲叶岚摆手说:"我现在在教导处当主任了,你该叫我冯主任。明天我来听你的课。"一句话,把叶岚的热情迅速冰冻在那里,只好唯唯称诺。

又几年,叶岚辞去中学老师的职位,到当地的一家报社工作。偶有一次,回校采访,一入校门,迎面又遇见那位历史老师,叶岚带着已在社会上历练出来的城府老练赶紧上前握手致意,说:"冯主任啊,你好你好,我这回来是采访……"岂料对方又是一挥手将她的话斩为两截,一副看似毫不在意的样子说:"我现在是副校长了,你采访主任得去找那个谁……"得,又没叫对称呼。

【问题】

从叶岚的"两次没称呼对"的经历你得到什么样的启示?

单元十一 介 绍

现代人要生存、发展,就需要与他人进行必要的沟通,以寻求理解、帮助和支持。介绍是人际交往中与他人进行沟通、建立联系的一种最基本、最常用的方式,是人与人进行沟通的出发点。

情景描述

在一次学校组织的夏令营中,老师让大家做一下自我介绍,互相认识一下。以下是一个叫邢芸的女孩做的自我介绍:"我叫邢芸,芸是芸芸众生的芸。我告诉大家一个秘密,你们要经常喊我的名字,你们就会得到好运。因为我的名字的谐音就是:幸运!请大家记住我,我会带给你们幸运的!"

你会很快记住她并愿意和她交往吗?

情景分析

自我介绍直接影响你在人们心目中的第一印象,第一印象也称"首因效应",它在人们心目中一旦形成,很难改变。好的自我介绍,会为结交朋友创造良好的条件。邢芸巧妙地利用谐音,将原本并无特色的名字,让大家很容易就记住,并喜欢上这个聪明的会给大家带来幸运的女孩。

知 识 链 接

　　介绍，是社交中人们互相认识，建立联系必不可少的手段。介绍，可以分为自我介绍和居中介绍。

（一）自我介绍

　　在社交活动中，如欲结识某些人或某个人，而又无人引见，如有可能，即可向对方自报家门，自己将自己介绍给对方。

　　自我介绍时应先向对方点头致意，得到回应后再向对方介绍自己。表情要自然、亲切，注视对方，举止庄重、大方，态度镇定而充满自信。

　　自我介绍的内容包括姓名、身份、就读学校（或工作单位）、特长、兴趣、爱好，有时还应介绍经历、年龄。这些内容在介绍时是否"和盘托出"，则可根据交际的目的、场合、时限和需要做适当的取舍。

1. 自我介绍的具体形式

　　① 应酬式。适用于某些公共场合和一般性的社交场合，这种自我介绍只不过是为了确认身份而已，最为简洁，往往只包括姓名一项即可。

　　　　"你好，我叫张强。"
　　　　"你好，我是李波。"

　　介绍中，如果姓名的字容易混淆或比较特殊，应将姓名描述一下，例如"弓长张"、"言午许"等。

　　② 工作式。适用于工作场合，它包括姓名、工作（学习）单位、部门、职务四要素。

　　　　"你好，我叫张强，是××学校 2011 级电子商务专业的学生。"
　　　　"你好，我叫李波，是××学校 2011 级商务日语专业的学生。"

　　如果自己的职务、身份比较重要，没有工作需要，不宜详细介绍。例如你是学校的学生会主席，可以说："我在××学校读书"即可，否则有自吹之嫌。

　　③ 交流式。适用于社交活动中，希望与交往对象进一步交流与沟通。它大体应包括介绍者的姓名、工作（学习）单位、兴趣及与交流对象的某些熟人的关系。

　　　　"你好，我叫张强，在××学校读书。我和刘利是同学。"
　　　　"我叫王朝，是××学校的学生，喜欢足球。"

④ 礼仪式。适用于讲座、报告、演出、庆典、仪式等一些正规而隆重的场合。包括姓名、工作(学习)单位、职务等,同时还应加入一些适当的谦辞、敬辞。

　　"各位来宾、老师、同学,大家好！我叫刘利,是本次晚会的主持人,我代表全校师生热烈欢迎出席我们本次晚会的各位来宾,欢迎你们的到来！"

⑤ 问答式。适用于面试、应聘和公务交往。问答式的自我介绍,应该是有问必答,问什么就答什么。

　　甲："先生,你好！请问您怎么称呼？(请问您贵姓？)"

　　乙："您好！我叫张强。"

　　主考官："请介绍一下你的基本情况。"

　　应聘者："各位好！我叫王宁,现年20岁,毕业于××学校商务文秘专业……"

需要强调的是,在求职面试或某些竞选活动场合,对自我介绍的要求更高。在内容上,除了介绍一般情况,还要涉及兴趣爱好、性格特点、专业特长等,力求介绍得全面、充分又突出重点、富有个性,为自己塑造一个坦诚、自信、机敏、受人欢迎的美好形象。

2. 自我介绍的技巧

① 注意时间。要抓住时机,在适当的场合进行自我介绍,最好在对方有空闲,又有兴趣时。自我介绍要简洁,尽可能地节省时间,以半分钟左右为佳,情况特殊也不宜超过1分钟。为了节省时间,做自我介绍时,还可利用名片、介绍信加以辅助。

② 独具创意。在自我介绍时为给对方留下深刻的印象,可独辟蹊径,采用幽默风趣的语言把自己"推销"给对方。例如要想让对方记住自己的姓名,可对姓名加以解释,解释得越巧妙,留给别人的印象就越深刻,如开篇邢芸的介绍就是如此。这不仅反映一个人的水平和性格修养,也体现一个人的口才。

③ 真实诚恳。进行自我介绍要实事求是,真实可信,不可自吹自擂,夸大其词。

④ 讲究态度。进行自我介绍时,态度一定要谦虚、自然、友善、亲切、随和。如果想主动结识某人,可采取主动介绍的方式,可以说:"您好！我叫×××,见到您很高兴。"也可以先询问对方:"先生,您好！请问我该怎样称呼您呢？"待对方做完自我介绍后再介绍自己,应落落大方,彬彬有礼。语气要自然,语速要正常,语音要清晰。

（二）居中介绍

居中介绍，是指介绍者以第三者（中间人）的身份向被介绍的双方说明各自的基本情况，使被介绍双方相互认识的一种口头交际方式。

1. 居中介绍的基本要求

（1）顺序适宜

为他人做介绍时必须遵守"尊者优先了解对方"的规则，即按照社交中约定俗成的长幼尊卑的礼节进行介绍。

把年轻者先介绍给年长者；把职务低者先介绍给职务高者；如果双方年龄、职务相当，则把男士先介绍给女士，这是"女士优先"原则的体现；如果男士比女士大很多时，则应先把女士介绍给男士，以示尊重；把家人先介绍给同事、朋友；把未婚者先介绍给已婚者；把后来者先介绍给先到者。

对来宾中的已婚夫妇，即使他们站在一起，也应作为享有独立人格的人分别介绍。如丈夫将妻子介绍给朋友相识，应先将朋友介绍给妻子，然后将妻子介绍给朋友；而当妻子介绍丈夫给朋友相识时，应先将丈夫介绍给朋友，再把朋友介绍给丈夫。

如果有领导与贵宾被邀请参加重要会议，主持人应先介绍来宾，再按领导的职位高低依次介绍给与会者。

如果在座谈会或正式宴会上，主持者可以按照座位顺序依次介绍。

把两个团体相互介绍时，一般可只介绍带队的、职务高的。

（2）称谓恰当

准确恰当地称呼被介绍者，不仅有利于双方彼此了解，也会使人产生愉悦满足的心理感受。不同国家、地区、民族的人名组合，姓与名的排列顺序也不尽相同，尤其是使人敏感的职位、职衔、职称，不可掉以轻心。一般说来，公务员、企业家重视职衔，学者、艺术家重视职称，老百姓重视辈分。

（3）语言谦恭

为表示对他人的尊重和礼貌，介绍时通常用祈使句或者敬语。例如："请允许我来介绍，这位是……"、"很荣幸能介绍各位认识，这位是……，这位是……"、"××，这就是我向你常提起的×××"，也可采用征询的语气："王×，我可以介绍李××给你认识吗？"

（4）态势得体

在进行居中介绍时的规范态势是：站立于双方中间，伸出靠近被介绍者一侧的手臂,大臂与小臂呈弧形平举,手掌向上,拇指与四指分开,四指自然并拢,面部略带微笑,两眼平视被介绍者,然后眼光转向另一方。

2. 居中介绍注意事项

① 介绍人和被介绍人都应起立,以示尊重和礼貌。

② 在宴会、会议、谈判桌上,介绍人和被介绍人可不必起立,被介绍双方可点头微笑致意;如果被介绍双方相隔较远,中间又有障碍物,可举起右手,点头微笑致意。

③ 待介绍人介绍完毕后,被介绍双方应微笑点头示意或握手为礼,并说:"您好"、"很高兴认识你"或"幸会,幸会"等来互致问候,必要时还可以进一步做自我介绍。

④ 在交际场合,为他人做介绍时,除了介绍双方的姓名、工作单位外,还最好为双方找一些共同的话题。可介绍一下双方共同的爱好、相似的经历、共同的兴趣以及各自的特长,让他们相互产生好感,为他们进一步的交流打下基础。如"小林,这位是高先生,他也是个摄影爱好者。"

技能训练

① 如何进行自我介绍和居中介绍?

② 请为自己的姓名设计一个巧报家门的方法,让别人很快就记住并不易忘记。

③ 1990 年中央电视台邀请台湾影视艺术家凌峰先生参加春节联欢晚会。当时,内地的观众对他还很陌生,可是他说完那妙不可言的开场白后,一下子就被观众所认同并受到了热烈欢迎。请分析下面这段凌峰先生的自我介绍好在哪里?

> "在下凌峰,我和文章不同,虽然我们都获得过'金钟奖'和'最佳男歌星'称号,但我以长得难看而出名⋯⋯这两年,我们大江南北走了一道,男观众对我的印象特别好,因为他们见到我有点优越感,本人这个样子对他们没有构成威胁,他们很放心,他们认为本人长得很中国,中国五千年的沧桑和苦难都写在我的脸上了。一般说来,女观众对我的印象不太良好;有的女观众对我的长相已经到了忍无可忍的地步。她们认为我是人比黄花瘦,脸比煤球黑。但是我要特别声明,这不是本人的过错,实在是父母的错误,当初并没有征得我的同意就把我生成这个样子。但是,时代在变,潮流在变,现在的男人基本上可以分为三种:第一种,你看

上去很漂亮,看久了也就那么一回事,这一种就像我的好朋友刘文正这种;第二种,你看上去很难看,看久了以后是越看越难看,这种就像我的好朋友陈佩斯这种;第三种,你看上去很难看,看久了以后你会发现,他有另一种男人的味道,这种就是在下这种了。鼓掌的都表示同意了! 鼓掌的都是一些长得和我差不多的,真是物以类聚啊!"

④ 两人一组,自行设计场合,进行自我介绍的演练。

⑤ 情景模拟——居中介绍。分别扮演不同性别、不同年龄、不同辈分和不同职务的角色,进行居中介绍的演练,注意介绍的顺序、介绍时的态势。

单元十三　电话交谈

电话是一种常见的通信、交往工具，在信息时代的今天，人们也越来越习惯于用打电话来替代面对面的交谈，电话交谈是现代人际交往中一种非常常见而又非常重要的方式。电话交谈有着它特定的要求和规范。

情景描述

小米今天打了几个电话，却给她留下了不同的感受。电话一：拨通号码，听见的是"您好，这里是培训中心办公室。好的，请稍等。"电话二：电话拨通后，听见的是"喂，你找谁？不在！"电话三："谁，你打错了！"随后是"啪嗒"一声挂断电话。

请你说一说小米的感受吧。

情景分析

三种不同的方式在小米心里产生的效果是不同的。第一种可以平心静气地等待，即使他要办的事没有办成，心里也不至于产生异样；而后两种，生硬的语气，毫不客气的态度，给人感觉是在向别人撒气，很有可能他自己完全没有意识到这一点，而听话人听到这种语气和语调，心情自然不会好到哪里去，"啪嗒"一声挂断的电话足以毁掉小米一天的心情。

接电话时当受话人不在,要有礼貌地代为转达或留下对方姓名、电话号码转告对方;对于打错的电话,不要责怪对方,应礼貌地告诉对方,通话完毕应轻轻地挂断电话。

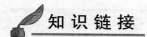 **知识链接**

(一)声音技巧

声音是电话交谈时唯一的载体。在使用电话的时候,必须完全依靠自己的声音来沟通信息。因此,电话交谈特别讲究声音运用的技巧。

① 采取正确的态度,使声音充满热情与善意。打电话时,虽然"只闻其声",但仍能"见其人",在电话中要抱着"对方正在看着我"的心态。

使用电话的时候,虽然对方看不到你的面部表情,但是你的态度会随着声音而传递过去。要掌握的原则就是通话双方如同面对面的谈话一样,需要微笑和礼貌用语。情绪不佳,语调往往会生硬、呆板,容易引起对方误会。要保持良好的心情,即使对方看不见你,但从轻快的语调中会被你感染,给对方留下极佳的印象。

② 保持正确的姿态,使声音和谐,自然。耳朵应当尽量贴近耳机,嘴巴应当与话筒保持半寸左右的距离。打电话时,应停止一切不必要的动作,采取正确的站姿、坐姿。最好坐在椅子的前半部分,保持姿势端正,这样可以使你的声音更有力,更清晰。不要陷坐在沙发中,不要把话筒夹在肩部和下颏之间。否则,会使声音失真。如果你打电话时,弯着腰躺在椅子上,对方听到的声音就是无精打采的,若坐姿端正,所发出的声音也会亲切悦耳,充满活力。

③ 音量适中。有的人一拿起话筒,声音就高了八度,大喊大叫,唯恐对方听不到。也有人开始打电话的时候声音不高,但是越谈嗓门越大。这些都给人以缺乏修养风度的感觉。

④ 不要边吃东西边打电话,不要在通话时把话筒夹在脖子下面,不要抱着电话机随意走动,这些情形下传递给对方的声音都是不一样的,会让对方觉得自己没有被尊重。不能对着话筒发出咳嗽的声音。

(二)接电话的技巧

① 接电话要及时,把握铃响不超过三声原则。尽可能在铃响第二遍就拿起听筒,最好不要让铃声响过五遍。若长时间无人接电话或让对方久等是很不礼貌的,对方在等待时心里会十分急躁;若是公务电话,会有损公司形象,及时接答电

话不仅是对对方的礼貌,也是树立公司形象的一个重要方面。如果电话响了五声才接听,应该先向对方道歉:"抱歉,让您久等了。"拿起电话,应先自报家门,"您好,这里是××公司××部";若是私人电话,也可只问候"您好"。

② 接电话时,认真倾听电话内容,对对方的谈话可作必要的重复,重要的内容应简明扼要地记录下来,如时间、地点、联系事宜、需解决的问题等。

③ 遇到人事打扰,不得不终止通话,要向对方说明。如果时间极短,可以不挂电话,先向通话对方致歉,然后用手遮住听筒,事毕恢复通话。如果需要挂断电话,则应先向对方致歉,并约定再次通话的时间,届时主动打过去。可以说:"很抱歉,我现在有点急事要处理,五分钟后我给您回过去。"

④ 替别人接电话要有礼貌。若受话人不在,应礼貌地询问是否需要帮忙留话,或回电话。一定不能用很生硬的口气说:"他不在"、"打错了"、"没这人"、"不知道"等语言。如果你要热心地替人转达,应当先向对方说明自己和受话人之间的关系,然后再说"我能为您转达吗?"或者"我让他回来给您回电话好吗?"如果对方愿意,应当将来电话的时间、内容、对方的姓名、单位、电话号码清楚地记下来,并负责转交到被叫人手中。为了准确无误,最好将这些内容在电话里重复一遍。

⑤ 如果对方打错了,要礼貌地告诉对方:"对不起,您打错了。"要给予打电话人充分理解并表现出足够的耐心,因为没有人愿意打错电话。

(三) 打电话的技巧

① 做好准备。打电话前先做好思想准备,考虑好大致的通话内容,理顺思路,电话内容要简明、扼要,避免因啰唆而浪费时间。如需记录的话,还需提前准备好纸、笔。

② 选择适当的时间。往对方办公地点打电话,一般在开始上班 20 分钟后～下班 30 分钟前的时间范围里。一般的公务电话最好避开临近下班的时间,因为这时打电话,对方往往急于下班,很可能得不到满意的答复。公务电话应尽量打到对方单位,若确有必要往对方住处打时,一般在一日三餐后 30 分钟内,或者在早晨 7 时以后～晚上 10 时之前(如果不是事先有约,或者特别紧急的事,一般都不超出这个时间范围,这是约定俗成的基本礼节),应注意避开吃饭或睡觉时间。

③ 电话接通后,先说"您好",核实单位(部门)名称或对方身份,即使是熟悉的人也最好确认一下,以免弄错;确认拨打无误后,通报自己的姓名、身份。必要时,应询问对方是否方便,在对方方便的情况下再开始交谈。

④ 言简意赅。尤其是公务电话,通话时,要做到长话短说,电话持续时间不要

超过 5 分钟,一般以 3～5 分钟为宜。如果要用 5 分钟以上的时间,应先说出你要办的事,然后询问对方:"您现在和我谈话方便吗?"假如不方便,就和对方另约一个时间再谈。

⑤ 结束通话要适时有礼。通话完毕时应道"再见",然后轻轻放下电话。打电话的一方通常应主动提出结束通话。

⑥ 结束通话时,通常由地位较高的人先挂断,等对方放下话筒后,再轻轻地放下电话,以示尊重。"女士优先"的礼节,这里同样也适用。如双方是平辈,则一般由主叫先挂。

(四)常用电话用语

① 对不起,我能耽误一下您的时间吗?

② 您现在接电话方便吗?

③ 请问您现在有时间吗?

④ 如果我有什么问题,再给您打电话,可以吗?

⑤ 谢谢您打电话来。

⑥ 很抱歉让您久等了。

⑦ 我正在接别人的电话,过一会儿我给您打过去好吗?

⑧ 对不起,我正在接另一个电话,您能稍等一会吗?

⑨ 对不起,我的办公室还有人等着,我会尽量在短时间内解决,然后给您回电话,好吗?

⑩ 很抱歉,我不得不让您等一会儿。

⑪ 对不起,我正要去参加一个会议,5 分钟之内必须到达,您能简短些吗?

⑫ 下星期一我会打电话告诉您我的回复。

 技 能 训 练

(一)电话交谈用语选择训练

你善于电话交谈吗?请选择你认为得体的电话交谈用语。

① 当你拨通电话时,你的开头语是( )。

    A."您好,请问王军在吗?"

    B."喂,请问王军在吗?"

    C."喂,王军在吗?"

②　如果你打电话要找的人不在,你会说(　　)。

　　A."给您添麻烦了,待会儿我再打来,谢谢!"

　　B."我待会儿再打吧,再见!"

　　C."怎么会不在!"

③　如果你接到打给同事的电话,你会说(　　)。

　　A."对不起,他不在,待会儿再打吧!"

　　B."对不起,你找错人了!"

　　C."对不起,他不在,有什么事让我转告吗?"

④　某人为某事不厌其烦地打电话纠缠,你会说(　　)。

　　A."不要再纠缠了,这样不会有好结果的!"

　　B."别再为此事打电话来了,我们会处理的!"

　　C."以后别再为此事打电话来了,有消息会及时通知你的。"

⑤　当你接到一个闲聊电话时,你会说(　　)。

　　A."对不起,我没有时间陪你闲聊,再见!"

　　B."对不起,我得马上出门了,再见!"

　　C."对不起,有件急事我得立即处理,我们下次再谈吧,再见!"

(二) 通话语气与礼貌训练

请分角色用礼貌真诚,充满活力的语气说出下面的话。

　　张一同:您好,请问销售部曹经理在吗?

　　王林佳:真不凑巧,曹经理刚出去,我是他同事,请问你有什么事吗?

　　张一同:哦,那没事了,我一会儿再打电话找他好了。

　　王林佳:好的,如果您方便的话,请留下您的姓名、电话,他回来后我会转告他。

　　张一同:好的,谢谢您,我是欣欣公司的张一同,我的电话号码是××××××××。

　　王林佳:张先生,我再重复一下,您是欣欣公司的张一同,电话号码是××××××××,对吗?

　　张一同:是的,谢谢!

　　王林佳:不客气,张先生,再见!

(三) 接打电话技巧

请说出下列情况下该如何表达?

① 电话接通时。

② 对方打错电话时。

③ 我们没有及时接听电话时。

④ 对方要找的人不在时。

⑤ 遇到人事打扰,不得不终止通话时。

(四) 接打电话练习

两人一组,在教室里进行接打电话练习。话题可以从下面各项中选择,也可自拟话题。

① 学生在教师节给中学老师打电话,致以节日的问候并约定拜访时间。

② 家长代生病的学生向班主任请假。

③ 身处异地的子女打电话给父母,问候父母并告知近况。

(五) 情景模拟——接打电话

① 王力打电话到刘明家找刘明,刘明不在家,王力托接电话人转告刘明,要刘明于本周六晚五时到同学刘一菲家参加该同学的生日聚会,并把向王力借阅的一本《国学》书带去。试模拟王力和接电话人进行电话交谈。

② 日升公司业务部的何经理来电话找公司的刘经理,请他帮忙调一份资料,恰好刘经理出差在外,三天后回来,作为刘经理的秘书,你会如何处理?请模拟进行电话交谈。

社交中，接待来访客人是一门艺术。讲究待客的礼节，热情、周到、礼貌待客会赢得他人的尊敬。如果不注意待客礼节，会使客人不悦，甚至因此而失去朋友。

情景描述

小王是新上任的经理助理，平时工作认真主动，且效率高，很受上司的器重。那天早晨，小王刚上班，电话就响了，为了抓紧时间，她边接电话，边整理有关文件，这时，一位姓李的员工来找小王，他看见小王正忙着，就站在旁边等着。只见小王一个电话接着一个电话，最后，他终于等到可以和她说话的机会了，小王头也不抬地问他有什么事，并且一脸的严肃。然而，当他正要回答时，小王又突然想起什么事，与同室的小张交代了几句……这时老李终于忍无可忍，发怒道："难道你们这些领导就这样对待下属吗？"说完他愤然离去。

你认为这件事问题出在谁的身上？如果你是小王会如何做？

情景分析

对于小王来说，老李来得真不是时候。可小王的待客礼节既不够热情也不够周到，让老李感觉自己没有被尊重。来者即客，虽然老李是自己的员工，但也不应怠慢。客人不期而至，主人无论有多忙，都应立即停止手中的工作，面带微笑，热情接待。让客人等得过久，应抽空解释一下，求得客人的谅解。小王应停止手头的工作，抽出几秒钟的时间，跟老李表明她的歉意，求得老李的谅解，安抚一下老李的情绪，就不会导致这样不愉快的局面发生了。

 知 识 链 接

我国素有"礼仪之邦"的美誉。热情好客是中华民族的传统美德之一。热情、周到、得体的接待工作，已经成为增进感情、促成合作的重要手段。

在不同对象、场合、形式的接待中，作为传递信息、交流感情的重要工具，彬彬有礼、周到得体的接待，能使客人如沐春风、如饮醇酒，体味到接待者浓浓的诚意、敬意与情意。

（一）服务行业接待

服务行业接待的基本流程：问候→了解对方来意→礼貌送客。

服务行业接待应以尊重为本，做到热情、周到、得体，让顾客有"宾至如归"的感觉。做到"接待三声"，即来有迎声、问有答声、去有送声。

1. 来有迎声

对于宾客、顾客的到来，如果是坐着应立即起立，面带微笑问候客人。最常用的欢迎语是"欢迎光临"。有时视对象和场合不同，也可用其他表达方式。如领导、专家到会或视察，可用"欢迎莅临指导"表示敬意；对于外宾来访，可以用"您的到来，使我们深感荣幸"来表示欢迎。

在服务性接待中，常要用到"招呼语"。如"您好，有什么我可以帮到您？""有什么需要我帮忙吗？"显得较为亲切。那种直接生硬的招呼语如"你想要点什么？""你要买什么？""你要做什么？"常常会使客人不快。在为客人提供服务后，应该主动征询客人的意见："请多提宝贵意见"以表示希望"做得更好"的诚意。

2. 问有答声

当宾客有事呼叫服务员，服务员可立刻应从："来啦，先生（夫人），我能帮您忙吗？""噢，听候吩咐"或"我马上就来"。当宾客对你表示感谢时，不能毫无反应，而应马上回答"请不必客气"、"为您服务很高兴"等。在商业接待中，营业员面对众多顾客，有时应接不暇，要学会"接一、顾二、招呼三"的技艺。手里接待一个，嘴里顾及第二个："您稍等，我马上为您服务"，眼神又"招呼"第三个，使焦急待购的顾客宽心并感受到营业员的热情与尊重。

　　服务性接待，难免会有不够细致周全之处，或因客观条件不能尽如人意，或因宾客嗜好、品味、习俗各异而"众口难调"。这时，最好别为自己辩护，几句真诚的道歉，能轻轻抹去宾客心头的不快，换来友善的谅解。例如，当宾客想要订的房间已先有了住客，或者顾客中意的商品已经售完，不妨说一声："十分抱歉，我们没有为您预先准备这间客房，换一间相仿的客房您不介意吧？""真遗憾，这货刚卖完，我们正在进货，请您过两天再来，可以吗？"再如，让客人久等了，应该马上打招呼："很抱歉，让您久等了，先生（太太）。"又如，要中断与客人的谈话转而照应别的客人时，也应表示歉意："请原谅，我不能与您长谈了，不过和您谈话真令人愉快。"

3．去有送声

　　当接待活动圆满结束，欢送客人离去时，应说："谢谢光临，请您慢走"、"欢迎再来"等。或富有浓厚感情色彩的送别语："您的到来，给我们留下了美好的回忆，欢迎您再来"、"希望不久还能再见到您"等。送别语中常含有祝愿的意味，如"祝你们旅途愉快，一路平安"、"祝您一路顺风"等。让这些美好的祝愿伴随着宾客的归途，让他们更深刻地感受到接待者的情谊，对这次旅行（参观等）留下美好的印象。

（二）会客接待

　　会客接待是个人交往和公务活动中经常进行的一项工作，这项工作做得好坏，直接关系到本人或单位的形象和信誉。应该遵循的原则是：热情迎候，待客以礼。

1．准备

　　为了让客人有一个良好的"第一印象"，主人平时就应将办公室、会客室或家里的客厅收拾整洁，以免因"不速之客"的光临而手忙脚乱。这包括做好室内外卫生和室内的布置，"洒扫门庭以迎嘉宾"。

　　如果提前知道客人来访，应备好待客的用品，如糖果、香烟、饮料和水果、点心等；如留客人吃饭，主人还得预备丰盛而可口的酒菜；如有小客人同来，主人还需预备一些玩具和儿童图书等。

　　为了向客人表示敬意，主人还要特别注重自己的仪表，要仪容整洁，自然大方。蓬头垢面，或穿着短裤睡衣会客都是不礼貌的。作为女主人更应穿着得体。

2．迎候

　　如来访者来自外地，主人应按事先约定的时间专程前往车站、码头或机场迎候。对初次登门的客人，主人应到寓所的大院门口或楼下迎接。接到客人，见面后应致问候和欢迎，可以说："欢迎，欢迎。"如客人手提重物，主人应主动帮助接提，还要关照家人给予合作。

接应客人时主人应面含微笑，握手问候，并表示欢迎，这是必不可少的"迎宾三部曲"。

3. 待客

客无亲疏，来者当敬。在接待中，主人对任何客人来访都应热情欢迎，毫不见外地奉之为上宾。假如客人带来礼物要致谢，"让您破费了！"如果是吃的物品，可以的话，要拿出来和客人一起分享。如果客人是第一次来访，应该给其他人介绍一下，并互致问候。

接客人进屋，主人应在前，客人在后；进客厅后，主人应请客人在上座就座。所谓上座，即较为尊贵的座位。室中的上座有比较舒服的座位，较高一些的座位，宾主并排就座时的右坐和面对正门的座位。客人一旦落座，主人就不要再劝其换位。客人如果是老友挚友，主人可以不拘礼节，随便一些反而显得亲密无间；客人如果是师长，主人则应注重礼节，不可轻率、随便。

如果客人不期而至，则主人无论有多忙多累，都应立即停止手中的工作，热情接待。如果客人没打招呼便推门而入，主人也应立即起身表示欢迎，而不能将其拒之门外。如果你确实感到不便，例如客人来时，你恰好有事要外出，要尽可能礼貌地说："我刚好要出去，真对不起。"向客人说明情况，另约个时间交谈，并致以歉意。但大多数情况会将客人迎进屋，予以接待，时间长短根据实际情况而定。如果房间比较凌乱，应将物品赶紧收拾一下，使客人有干净的坐处，并向客人表示歉意。如果在同一时间接待多位来访者，应注意待客有序和一视同仁。客人进屋后，主人应处处体现对客人的恭敬与谦让。有的主人对不速之客冷眼相看，或边与客人聊天，边看电视、看报纸、打毛衣，这是极不礼貌的。

客人落座后，主人应热情献茶或奉上糖果、饮料；与客人谈话，主人态度要诚恳热情，不要频频看表，不要显出厌倦或不耐烦的样子。万一主人有急事要办，应向客人说明并致歉。

4. 送客

社交中送客也有学问，不讲究送客的礼节，即使接待得很好，也可能前功尽弃，最后给客人留下不良印象。

当客人要走时，主人应婉言相留："着什么急呀！再坐一会吧！""时间还早着呢！"对客人进行再次挽留，这不是客套，而是基本的礼貌。

当客人起身后,主人再起身相送;当客人告辞并伸出手时,主人方可出手相握,切不可在送客时主人先"起身"或先"出手",否则这会给人以厌客之嫌。

迎客时主人应走在前面,送客时应让客人走在前面。客人来访,带礼品时,主人应适当回礼,"来而不往非礼也",绝不可若无其事,显出理所当然或受之无愧的样子。如事先无准备,也可暂表谢意,待以后回访客人时,再还以相应的礼品。

主人送客,一般应送到门外或楼下,并道以"您慢走!""欢迎再来!"常客、熟人或一般来访者,也可随意些,送出门口或楼梯口,致意告别即可。和上司一起送客时,你要比上司稍后一步。送别客人不要急于转身,要目送客人走远,招手"再见"再回转。送别客人回屋时,关门的声音要轻。否则是不礼貌的,容易让客人误以为主人对他不欢迎。

为远道而来的客人送行,应更加主动、热心、细致。送行时,应陪送到车站、码头、机场,并为客人备好水果、点心之类的路餐。等客人上车(船)或进入机场安检通道后,再离开。因故不能送别时,应向客人说明情况,并致歉,或请人代为送行。

总之,无论是接待客人,还是迎送客人,都要使客人感到温暖、融洽,使客人感到主人是诚恳、热情和懂礼节的,给客人留下美好的回忆。

技能训练

(一)掌握礼貌接待用语

①您好　②请　③请进　④欢迎您光临　⑤欢迎您下次再来　⑥让您久等了　⑦请稍等　⑧为您服务,非常高兴　⑨您需要什么,我给您拿　⑩请多提意见　⑪请慢走

(二)接待用语训练

下面各例中接待语哪些用得好,哪些用得不恰当? 应该怎么说?

① 某宾馆迎宾员见到曾入住过这里的客人再次到来,忙迎上前去,热情地说:"欢迎您回来,张先生。"

② 某酒店,服务员见一桌子酒席将尽,客人还没有离席的意思,就主动问道:"你们还想再点菜吗?"

③ 在商场里,营业员对正在选购商品的顾客说:"你要买什么?"

④ 柜台前,一位中年女子正在挑选大衣,试了半天,都不满意,问道:"还有别的样式吗?"营业员说:"都差不多,不满意就别买了。"

（三）情景模拟

遇到下列情况，你将如何处理？

① 商场里，如果顾客相中的商品恰好缺货，作为营业员，该如何跟顾客解释？

② 酒店里，客人想要入住一间已被别人提前预订的房间，因为这间房间视野开阔，可以看到海景，作为前台接待，你会如何接待这位客人，让客人满意？

③ 如果客人没有提前预约，就来登门拜访，对于这样的不速之客，接待时应注意什么？

④ 对于远道而来的客人，应该如何接待？

（四）案例分析

案 例 一

邻居来王宏家串门，赶上王宏喜欢的电视剧开演了，恰好今天又是大结局，不能不看，王宏便迫不及待地打开电视，一边看电视，一边和邻居聊着天。

【问题】

王宏这样做得体吗？你是王宏的话，会怎么做？

案 例 二

朋友到李林家做客，恰逢李林有一篇文章要赶着交稿，又不好意思赶朋友走，耐着性子终于等到朋友要告辞了，李林没等朋友起身先赶紧站起身，将朋友送到门口，道别后，重重地把房门关上，回房间写他的文章去了。

【问题】

李林在送别客人时，做得得体吗？如果是你的话，你会怎么做？

单元十五　交友沟通

俗话说："在家靠父母，出外靠朋友。"朋友是我们人际关系中不可缺少的一环，它是我们人生中一笔宝贵的财富。掌握交友沟通的技巧，不但能广交新朋友，还能促进与老朋友的和谐相处。在提升幸福感的同时，又有助于积累人脉关系，为将来有所作为打下良好的基础。

情景描述

小于是西北人，小林是北京人，他们在一家公司上班，是刚结识不久的好朋友。一次两人在闲聊，谈得正起劲。小于看见小林的头发有点过长，就随口说："你头上毛长了……"不料小林听后勃然大怒："你的毛才长了呢！"

如果是你，该如何对待这突如其来的变故，化干戈为玉帛——成就一次高品质的交友沟通呢？

情景分析

问题出在小于所说的"毛"字上。小于那个地方管头发叫做"毛"，而北京人却把"毛"看作是一种侮辱性的骂人的话。所以，在与朋友沟通前应该认真考虑对方接受什么样的语言，什么样的方式、方法。只有这样，才能保持和发展朋友之间良好的沟通关系。如果万一出现类似上面两个人的情况,不妨将错就错"我的毛长得慢,……"或者直接询问自己哪里冒犯了对方,在最短时间内消除误解。

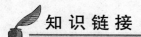 **知 识 链 接**

（一）交友原则

1. 以心换心

交友贵在真诚。结交朋友首先要向朋友敞开心扉,让对方了解你,看到你的真诚,才能达到心灵的沟通,感情的共鸣。如果你对朋友有所保留,感情半露,让对方琢磨不定,这就很难建立起交友的根本基础——信任。

2. 平等相待

平等是现代社会的核心价值观之一。在与朋友的交往中,承认彼此的人格平等是沟通的前提。朋友之间在人格上是平等的,应该彼此尊重。在朋友面前,自傲和自卑都可能人为地拉大与朋友的距离,影响朋友关系的正常发展。

3. 患难与共

真正的友谊应体现在患难之中。当朋友处于危难之中,是离他而去,还是向他伸出援助之手,这是对真假友谊的考验。真正的友谊要讲奉献,只有奉行"给"比"拿"更愉快的交友之道,才能赢得真正、牢固的友谊。

4. 宽容大度

在与朋友的交往中,对朋友要有宽容之心,如果遇事斤斤计较,得理不让人,最终将成为孤家寡人。

（二）交友的方法

1. 积极主动

想让一个人尽快与自己从陌生走向熟悉进而成为朋友,要率先发出你对对方的友好信号,因为处于主动地位的人总是比处于被动地位的人容易得到朋友。同时也要克服你的"怯场"心理,因为怯场心理同样会让你"出手"被动。此时要想到,你在对方面前是陌生的,对方在你面前同样也是陌生的,其心理和你是一样的——渴望得到友谊而又感到有些拘束。在这种情况下,如果首先积极主动地伸出友谊之手,你就在使对方成为你的朋友上成功了一半。

2. 自然微笑

美国著名喜剧大师博格有一句名言:"笑是人与人之间的最短距离。"微笑在交往中有亲和的作用。在与朋友交谈时,从轻松自然的微笑开始,对方会被你热情的笑所感染,也会自然而然地与你拉近距离。

3．放松情绪

放松心情,树立起信心,大大方方地与对方交往,例如试着问对方有什么爱好、夸赞对方着装得体等,先引出话题,使交谈进入到一种活泼、愉快、轻松的氛围中。只要做到了这一点,对方就会认为你是一个随和的人,对你有了认同感,自然而然地会亲近你,希望和你做朋友。

4．真诚相待

结交朋友,贵在真诚,它是获得真正友谊不可缺少的一种优秀品质。在与对方交往时,绝对不要有虚伪的言行,因为那种行为对方一看便知,感觉到你不真诚,谁还敢与你结交呢?只有尊重对方,相信对方,对方才能相信你,从而与你交心,成为朋友。

5．关心问候

要对方对你有好的印象,想与你交往,就要主动问候对方。"节日好"、"工作好吗"等问候语会让对方感到"这个人很关心我",从而认为你是一位值得结交的朋友。这样对方若有意的话,自然会找个理由问候你。

（三）交友沟通的技巧

1．善于倾听朋友的诉说

作为朋友,要学会倾听。当你的朋友遇到挫折、碰上烦恼,他便要找一个发泄情感的对象,而你作为朋友,能够真诚、耐心地倾听对方的诉说,就是为朋友开了一个情感的发泄口。朋友在向你诉说的过程中,你不仅耐心地倾听,而且时不时地插上一两句富有情感的安慰话,抑或为朋友出出点子、想想法子,他会觉得你才是真正的朋友。这样,朋友的情感会加深,友谊更会与日俱增。

2．与朋友交谈要有分寸

朋友之间的交谈应直率、大方、亲切,避免过于散漫,不拘小节,让人感到粗鲁庸俗。也许你和一般人交往会以理性自约,但与朋友交往就忘乎所以,指手画脚,海阔天空或肆意打断与朋友的交谈,或左顾右盼,心不在焉。也许这是你的自然流露,但朋友会觉得你有失体面,没有风度和修养,自然对你产生一种厌恶轻蔑之感,改变了对你的原来印象。所以,在朋友面前应自然而不失自重,热情而不失态,做到有分寸,有节制,才能保持与朋友的友谊。

3．与朋友交往要说"真"话

说"真"话即用真挚诚恳的语言去打动对方的一种语言表达方式。这里的

"真"不仅仅只是"真实"的意思,更重要的是还要有"真情"。在与朋友交往之中,饱含真情实感的言语是唤起情感的一种最具效力的武器。饱含真情的语言可以较快地促使双方强化相应的感性认识,形成并巩固某种态度倾向和观念信仰,顺利促使双方产生情感共鸣,关系融洽,形成良好的交际氛围,有力地推动双方的友谊发展。

4. 对不起朋友时要真诚道歉

在与朋友交往的过程中,当你发现因为自己做错了事使朋友生气时,你不妨用这句话:"我真诚地向你道歉。""真诚"的攻势会化解朋友的怒气,也会坚固两人之间的友谊。另外一种较有效的方式,就是承认他说的问题,使用"我没有经验"这种方法去委婉地表达自己的歉意。这也是一种道歉,只是不太直接,不过丝毫不会掩盖你的真诚。总而言之,当你与朋友相处时做错了事,不妨真诚地向他道歉,这样你们会和好如初。

5. 与朋友交往要善纳其言

对朋友好意相劝应认真考虑,适当采纳。如果你无视这一点,一意孤行,坚持己见,无视朋友之言,我行我素,这必定使朋友感到失望,认为你太独断专行,不把朋友放在眼里,是个无为而多事之人,以后日渐疏远。所以在你遇事决策时,应认真听取朋友的意见,理解朋友的好心,即使是难以采纳的意见,也要解释清楚,使朋友觉得你尊重他。

6. 在朋友需要时给予帮助

朋友之间就应该互相帮助。当对方有困难时,主动地伸出援助之手,会使对方倍感温暖。而有时候恰如其分地请求对方帮助,还会加深朋友之间的友情。帮忙时的行为方式是最值得注意的,不要使对方觉得接受你的帮助是一种负担,应该做得自然些,也许在当时对方无法强烈地感受到,但是日子越久就越能体会出你对他的关心,能够做到这一步是最理想的。不要为朋友做了事,送了人情,便时时挂在嘴边,生怕朋友忘了,这样彼此的交情也维持不了多长时间。如果对方是知恩图报的人,你为他帮忙的种种好处,绝不会像射出去的子弹似的一去不回,他一定会用别的方式来回报你的。

7. 朋友之间也要说"不"

朋友之间常常有事相托相求,这是正常的。但也有的人相托相求的事常常超出原则范围和客观现实。例如,有的朋友托你办的事超出了你的承受能力,是你无能为力的;还有的朋友托办的事是违背你的主观意愿的等。如果遇到此类情况,作为朋友,你应该果断地说一声"不"。因为超越你承受能力的事,你无能为力,如果不说明情况予以拒绝,反而会因为事不办成而伤害彼此友谊;再次,有违背你意愿的事你不拒绝,会影响你与其交往的情绪。对待此类情况常用的方法:一是耐心劝阻,言明利害关系;二是如实说明情况,让朋友理解你的难处;三是迂回婉转处置,巧借其他方法帮助完成朋友委托之事。

8. 与朋友交往要有"度"

中国有句极富哲理的话叫"物极必反"。生活中,任何过头的东西都会走向它的反面。朋友之间的交往也是如此,过往甚密,反容易出现裂痕,而把握适度才能使朋友间的友谊成为永恒。这是因为,每个人无论在文化、道德、性格、处世态度及家庭情况等方面都会存在差异,这种差异的大小,有时会与朋友间的交际频率成正比,即交际越频繁、越过密,拉得也就越大。所以,朋友间的交往,要适当有度,才能达到"意犹未尽、情犹未了"的意境,才会因朋友的到来而欣喜,因朋友的离去而思念。

（四）交友沟通的禁忌

1. 在朋友面前说谎

说谎是一种不诚实的行为,然而要做到绝不说谎,也的确不是件容易的事。不管怎么说,朋友之间的交往还是要坦诚相待。与朋友相交最重要的前提是以心换心,当你对朋友说谎的时候,你的人格就会遭到其他人的质疑,而且这件事会迅速地被散布到其他人的耳中。所以,虽然你只是欺骗了一个朋友,但感到你不诚实的人却可能还包括其他人。

与朋友交往,一定要谨记:假话害己伤朋友,唯有真话最动人。

2. 让朋友的自尊心受到伤害

与朋友在一起时,不要无所顾忌,锋芒毕露,毫无节制地表现自己。言谈中也不要流露出一种明显的优越感,这会令朋友感到你是在居高临下地对他讲话,有意炫耀、抬高自己,使朋友的自尊心受到伤害,不由得产生敬而远之的想法。所以,在与朋友交往时,要控制情绪,保持理智,把自己放在与人平等的地位上,照顾对方的心理承受力。

3. 对朋友过于随便

人们在交友处世时常常会有这样的想法:好朋友之间彼此熟悉,亲密无间,所以无需客套,应无所顾忌,否则就太见外了。其实这种想法是不对的,朋友之间再亲密,也不能随便过头。朋友亲密无间的关系是以相互尊重为前提的,容不得半点儿强求、干涉和控制,否则维持友谊的默契和平衡将被打破,友好关系也将不复存在。因此,对好朋友也要客气有礼,这样才不至于伤了面子或伤了和气。

4. 对朋友过于苛求

也许朋友跟你气质相仿、兴趣相近、性格相投,但他还是跟你有些不同之处,总会有这样那样的不足,总会有自己不愿人知的秘密。所以,跟朋友交往,不要对朋友过于苛求,不可把朋友的一切言行都以"我"为参照物。首先,要容忍朋友的缺点,并选择合适的时机和方法善意地帮助他克服缺点。其次,要让朋友保留"自我",拥有自己的爱好、自己的个性。再次,要尊重朋友的隐私。不要认为朋友有隐私不跟你说,就是对你不忠,就不够朋友。如果你主观武断、独断专行地苛求朋友凡事都跟你一样,那么朋友将会离你而去。

5. 没有信用

你也许不那么看重朋友间的某些约定,对于朋友之求爽快应承后又中途变卦。也许你真有事情耽误了一次约好的聚会或没完成朋友相托之事,也许你事后会轻描淡写地解释一二,认为朋友间能够互相谅解,区区小事不足挂齿。可事实没这么简单,这常常会让朋友感到失望,即使他们当面不会指责,但会在心里责备你,认为你是不值得信赖的人,从此远离你。所以,对朋友之约或之托,一定要慎重对待,遵时守约,切不可言而无信。

6. 乱开玩笑

有人为炫耀自己能言善辩,或为哗众取宠逗人一乐,或为表示与朋友"亲密",乱用尖刻语言,尽情挖苦讽刺别人,大出洋相以博人大笑,获取一时之快意。这些做法往往会使朋友感到人格受辱,伤害朋友的感情。所以,朋友相处,尤其是在众人面前,应该和气相待,互敬互让,切勿乱开玩笑,恶语伤人。

技 能 训 练

(一)案例分析

小张和小卢同住一个宿舍,是无话不谈的好朋友。小张没有计算机,经常没经小卢同意打开计算机,还经常查看小卢硬盘的文件。有时赶上小卢着急要用的时候,小张也不知让开。这让小卢心里很不舒服,因为是好朋友,又不好意思开口说他。有一次,小卢因为上网传一个重要资料着急用计算机,而小张不但没让开,还在查看小卢硬盘的文件。小卢终于忍无可忍,很生气地对小张说:"请你以后不要随便动我的计算机!"小张也很生气:"我当你是朋友才用你的计算机,既然你不把我当朋友,那以后我都不会动你的东西了!"这对好朋友从此形同陌路。

【问题】

你遇到过类似的情景吗?如果你是小卢,你应该如何与小张进行沟通?

(二)故事与启示

割 席 断 交

　　三国时期,管宁和华歆是一对非常要好的朋友。他俩成天形影不离,同桌吃饭、同榻读书、同床睡觉,相处得很和谐。

　　有一次,他俩一块儿去劳动,在菜地里锄草。管宁碰到了一个硬东西。管宁好生奇怪,将锄到的一大片泥土翻了过来。黑黝黝的泥土中,有一个黄澄澄的东西闪闪发光。管宁定睛一看,是块黄金,他就自言自语地说了句:"我当是什么硬东西呢,原来是锭金子。"接着,他不再理会了,继续锄他的草。"什么?金子!"不远处的华歆听到这话,不由得心里一动,赶紧丢下锄头奔了过来,拾起金块捧在手里左看看、右看看,怎么也舍不得放下。管宁见状,责备华歆说:"钱财应该是靠自己的辛勤劳动去获得,一个有道德的人是不可以贪图不劳而获的财物的。"华歆才不情愿地丢下金子回去干活。

　　又有一次,他们两人坐在一张席子上读书。正看得入神,忽然外面沸腾起来,一片鼓乐之声,中间夹杂着鸣锣开道的吆喝声和人们看热闹吵吵嚷嚷的声音。于是管宁和华歆就起身走到窗前去看究竟发生了什么事。原来是一位达官显贵乘车从这里经过。一大队随从佩带着武器,穿着统一的服装前呼后拥地保卫着车子,威风凛凛。管宁对于这些很不以为然,又回到原处捧起书专心致志地读起来,对外面的喧闹完全充耳不闻,就好像什么都没有发生一样。华歆却不是这样,他完全被这种张扬的声势和豪华的排场吸引住了,干脆连书也不读了,急急忙忙地跑到街上去跟着人群尾随车队细看。

　　管宁目睹了华歆的所作所为,再也抑制不住心中的叹惋和失望。等到华歆回来以后,管宁就拿出刀子当着华歆的面把席子从中间割成两半,痛心而决绝地宣布:"我们两人的志向和情趣太不一样了。从今以后,我们就像这被割开的草席一样,再也不是朋友了。"

【启示】

如果没有内在精神的默契,只有表面上的亲热,这样的朋友是无法真正沟通和理解的,也就失去了做朋友的意义了。

【问题】

在你看来什么才是真正的朋友呢?说说这个故事对你的启示。

(三)情景模拟——与朋友沟通

1. 目标

① 训练与朋友沟通的技巧。

② 体验解决问题的能力。

2. 情景

　　小方和小雨同在一个班,又同住一个宿舍,是一对好朋友。小方家里非常富裕,花起钱来也总是大手大脚。她为人很热情,尤其是跟小雨交往花钱这方面也非常大方。她总是喜欢把自己买回来又不喜欢的新衣服送给小雨,每次都说:“这是新的,我都没穿过,就是不喜欢了,这衣服买的时候可贵了呢。”每次也把小雨弄得很为难,不要吧,她会说小雨瞧不起她,要了吧,三四百元的东西得欠多大的人情呀。这个人情还不回去,自己会觉得欠她点什么,还了吧,对于一个在校生来说是无法承受的。

假如你是小雨应该用什么方式应对小方这样的朋友?

3. 形式

分组进行,可以三人一组,其中一人扮演小方,一人扮演小雨,另一人进行监督和评价,每个人都轮流扮演小雨。

4. 规则

① 在演练过程中,每个同学都要严肃认真,言行要符合规范。

② 在实际模拟时,全体同学一起对某一小组的表现进行评论。

单元十六　团队沟通

在如今高速运转的工作环境中，团队成为主要的作业方式，它为个人搭建了发展的平台。掌握团队沟通技巧，可以促进团队成员相互理解、相互支持，为了共同的目标而努力奋斗。同时，也使个人获得更多展现的机会和成功的机遇。

情景描述

姚力通过竞选当上了学生会主席。上任后，他立即着手打造一支高效的学生会管理团队。但是之前他并没有管理经验，在成为学生会主席不到三个月的时间里就表现出与所在的团队格格不入。其他学生会干部的反馈显示，姚力试图掌控学生会工作的每个情况及学生会管理的每一个环节，这使得学生会的其他干部极为清闲，工作热情低下，士气低落。其他学生会干部抱怨说，他每次开会都事无巨细、喋喋不休，同样的问题重复多次；对一些学生会干部未做好的工作，除了批评、抱怨还是抱怨，从来不会表扬他们的优点、成绩与进步；在工作之余，他也从来不主动与其他学生会干部进行沟通交流。姚力本人也找不到管理一个团队的乐趣，为此他感到非常疲惫和苦恼。

姚力为什么与他所在的团队格格不入？

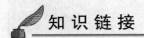

情景分析

姚力与所在的团队格格不入,明显是由于他不善于与其他团队成员沟通造成的。团队内部没有沟通交流,也就不可能达成共识,更谈不上和谐发展了。带领一个团队,并不代表你能融入这个团队;融入了一个团队,并不代表你能找到自己的位置;找到了自己的位置,也并不代表能充分发挥自己的能力和团队的作用。

所有的这些,首先取决于团队的领导者是否让团队的每个个体,都能真心地接受你、理解你。要实现这一点,必须用适当的方式方法与团队成员沟通。

知识链接

(一)团队基本分析

1. 团队的含义

所谓团队,是指在特定的组织范围内,由若干成员组成的为实现特定目标而建立的相互合作、一起努力的共同体。

任何团队都包含五个要素,简称为"5P",具体如下。

① 目标(Purpose)。团队都有一个既定的目标,为团队成员导航,每个团队成员都应该清楚这个目标。

② 人员(People)。团队的目标是通过其成员来实现的,因此,人员是构成团队最核心的力量。

③ 团队定位(Place)。团队定位包含两层意思:一是团队整体的定位;二是每个人在团队中扮演的角色。

④ 职权(Power)。团队的职权取决于两个方面:一是整个团队在组织中拥有什么样的决定权;二是组织的基本特征。

⑤ 计划(Plan)。计划包括两层含义:一是达到目标的具体工作程序;二是按计划可以保证团队工作顺利地进行。

2. 团队的类型

不同类型的团队其作用各不相同,具体可以分为以下四种类型。

① 问题解决型团队。一般由来自相关部门的5～12名员工组成,一起谈论如何提高工作质量、效率或者改善工作环境等问题。

② 自我管理型团队。通常10～15名成员,履行其上级交给的任务。能够独

立自主地解决问题。

③ 多功能型团队。由来自同一等级、不同领域的员工组成,他们聚集在一起的目的就是完成一项特定的任务。能够协调复杂的项目,解决面临的问题。

④ 虚拟型团队。是一种在虚拟的工作环境下,由于共同的理想、共同的目标或共同的利益,结合在一起所组成的团队。通过电话、网络、传真或可视图文来沟通协调。

3. 团队发展的阶段

从团队的创建和发展过程来看,团队一般可以分为组建期、激荡期、规范期、执行期和休整期五个阶段。

① 组建期。团队的目的、结构、领导都不确定,团队成员间的互信度低,对于谁该负责团队的领导权及进行方式,普遍持着保守观望的态度。

② 激荡期。团队成员虽然已接受团队的存在,但还会抗拒团队对个人所施加的约束。此外,成员还会试验领导者的政策,所以在这个阶段会出现权力冲突的争议。

③ 规范期。团队凝聚力出现,成员对团队认同感加深,成员间的情谊也随之转浓,并把注意力转移到工作任务和目标上来,大家关心的问题是彼此的合作和团队的发展。

④ 执行期。团队结构开始发挥作用,团队成员不仅专注于工作任务,彼此间还存在着沟通、合作、互敬和奉献的行为,此时团队能充分发挥效能。

⑤ 休整期。团队的目标已完成,团队成员容易出现失落感,团队进入调整阶段。

4. 团队的角色

团队职责主要有以下九种角色。

① 主导者——处事冷静的领导。

② 驱策者——精力充沛、意志坚强的领袖。

③ 创新者——团队的智囊。

④ 监察者——善于监察和评核团队的表现。

⑤ 执行者——团队的办事人员。

⑥ 协调者——关心队员的需要。

⑦ 资源查探者——善于向外界求助。

⑧ 贯彻者——确保团队赶上工作进度。

⑨ 专业者——专业知识、经验及技能的提供者。

一个人不可能具有以上九种角色的多种特征,所以,一个人不可能承担团队中的全部角色。但是，团队可以通过不同角色的组合而达到完美。

5. 团队的特征

① 清晰的目标。团队成员清楚地了解所要达到的目标，以及目标所包含的重大现实意义。

② 适度的规模。团队的规模短小精悍，其规模一般控制在 12 人以内。

③ 相关的技能。团队成员具备实现目标所需要的基本技能，并能够良好合作。

④ 相互的信任。每个人对团队内其他人的品行和能力都确信不疑。

⑤ 共同的诺言。这是团队成员对达到目标的奉献精神。

⑥ 良好的沟通。团队成员间拥有畅通的信息交流。

⑦ 谈判的技能。高效的团队内部成员间角色是经常发生变化的，这要求团队成员具有充分的谈判技能。

⑧ 合适的领导。高效团队的领导往往发挥的是教练或后盾的作用，他们对团队提供指导和支持，而不是试图去控制下属。

⑨ 内部的支持。既包括内部合理的基础结构，也包括外部给予的必要的资源条件。

6. 团队的作用

团队不仅有助于成员从中受益，而且是上下沟通、联系的桥梁和纽带。团队的具体作用主要有以下两个。

① 有助于建立良好的人际关系。团队中包含着能力不同、个性不一的成员，共同的目标将不同的个体联系在一起，增加了与人相处的机会。良好的人际关系是团队运作的润滑剂。团队中人际关系比较和谐，就会减轻个人的心理压力，减轻精神负担，还可以增强团队成员的正义感、责任感、集体荣誉感，激发团队成员的工作热情、创造性，实现整个团队的高效。

② 有助于提升能力和提高成功的机会。在团队中，个体与团队的其他成员合作，可以接触到他们的思想和考虑问题的方法，这无疑有利于个体的成长和发展；另外，与团队成员实现共同目标的同时，也为个人搭建了平台，使个人获得更多展现的机会和成功的机遇。

（二）团队沟通

1. 团队沟通的定义

团队沟通是团队成员为了完成预先设定的目标，在特定的环境下所进行的信息传递与交流的过程。

2. 团队沟通的程序

（1）制订团队目标

团队组建起来就必须有一个明确的目标。团队成员存在不同观点，但为了求同存异追求团队的共同目标，应从以下几个方面着手。

① 向团队成员咨询对团队整体目标的意见，一方面可以让成员参与进来，使他们觉得这是自己的目标，而不是别人的目标；另一方面可以获取成员对目标的认识，即团队目标能为团队作出什么贡献，团队成员在未来应重点关注什么事情，团队成员个人的特长是否在团队目标达成过程中得到有利发挥等，通过这些广泛地获取成员对团队目标的相关信息。

② 对获取的信息进行深入加工。在对团队进行摸底收集到相关信息以后，不要马上就确定团队目标，应就成员提出的各种观点进行思考，进行深入细致的研究。

③ 与团队成员讨论目标表述。将其作为一个起点，以成员的参与而形成最终的定稿，以获得团队成员对目标的承诺。

④ 确定团队目标。很难让所有的团队成员都同意目标表述的内容，但求同存异地形成一个成员认可的、可接受的目标是重要的，这样才能获得成员对团队目标的真实承诺。

（2）明确团队责任

团队成员必须明确自己应承担的责任，在责任明确方面，两个环节最为重要。一是"策划"，根据发展规划和项目要求，按照每个人的能力、才识、所能付出的时间，把项目策划好，使团队成员职责分工明确，让工作顺利进行。二是"责权利"相对应，要有相应的奖惩制度和分配方式保证项目完成，让成员既有压力更有动力，更好地提高成员的积极性，让成员更加舒畅高效地工作。同时在团队成员的观念中，要增强责任意识。

（3）培养团队精神

团队精神是团队的灵魂。所谓团队精神，是指团队整体的价值观、信念和奋斗意识，是团队成员为了实现团队的利益和目标而互相协作、共同奋斗的思想意识。它包含以下三个层面的内容。

① 团队的凝聚力。团队的凝聚力是针对团队和成员之间的关系而言的。团队精神表现为团队强烈的归属感和一体性。每个团队成员都能强烈感受到自己是团队当中的一分子，把个人工作和团队目标联系在一起，对团队表现出一种忠诚，对团队的业绩表现出一种荣誉感，对团队的成功表现出一种骄傲，对团队的困境表现出一种忧虑。

当个人目标和团队目标一致的时候,凝聚力才能更深刻地体现出来。

② 团队合作的意识。团队合作意识指的是团队和团队成员表现为协作和共为一体。团队成员间同舟共济、真诚互信、宽容谦逊;利益和成就共享、责任共担。

良好的合作氛围是高绩效团队的基础,没有合作就谈不上最终很好的业绩。

③ 团队士气的高昂。这一点是从团队成员对团队事务的态度体现出来的,表现为团队成员对团队事务的尽心尽力及全方位的投入。拿破仑曾说过,一支军队的实力四分之三靠的是士气。在团队中,团队成员如果赞同、拥护团队目标,他们会觉得自己的要求和愿望在目标中有所体现,士气就会高涨。

（4）营造和谐关系

团队成员之间必须互相配合,互相沟通才能顺利地实现目标,而实现目标的关键在于营造团队和谐的人际关系。营造和谐的人际关系就是团队成员通过语言和非语言的沟通手段来实现团队成员与团队之间的和谐互动。在团队中,团队成员应在充分的信息交流和传递的过程中建立相互尊重、相互支持、平等互信、密切配合的关系,并能全力以赴地投入时间和精力去履行任务。

3. 团队沟通中的障碍

在团队沟通过程中,常会受到各种因素的影响和干扰,使沟通受到阻碍,从而影响沟通的效果。团队沟通中的障碍主要有以下原因。

（1）个人原因

个人原因有以下几种情况。

① 个人对人对事的态度、观点和信念不同造成沟通的障碍。个人在接受信息时,会不知不觉、有意无意地产生知觉的选择性。例如,人们在接受信息时,对符合自己利益的很容易接受;反之,就会排斥。

② 个人的个性特征差异引起沟通的障碍。在团队内部的信息沟通中,人与人之间性格、气质、态度、情绪、兴趣等差别,都可能引起信息沟通的障碍。例如,情绪急躁的人对信息的理解容易片面,而情绪稳定的人则能较好地接受、理解信息。

③ 语言表达、交流和理解造成的障碍。在一个团队中,成员常常来自不同的背景,有着不同的表达方式和风格,对同样的事物有着不一样的理解。

（2）人际原因

人际原因主要包括沟通双方的相互信任程度和相似程度。

沟通是信息的"给"与"受"的过程,信息的传递不是单方面的而是双向活动,它取决于沟通双方的诚意和相互信任。在团队沟通中,信息来源的可靠性也影响沟通,当面对来源不同的关于同一问题的信息时,团队成员倾向于相信他们自认为来源自最有能力、最热情、最公正、最客观的成员的信息。沟通的准确性与沟通双方的相似性有直接联系。当沟通双方的社会和文化背景差异不大,气质、兴趣、价值观、能力、层次相似,此时的沟通共同语言较多,双方容易敞开心扉,也容易接受对方的见解,常能达成共识。

（3）结构原因

信息传递者在团队中的地位、信息传递链、团队规模等结构因素影响团队的有效沟通。

在团队中,地位的高低对沟通的方向和频率有很大影响。信息趋向于从地位高的流向地位低的。如果团队规模过于庞大,中间层次过多,信息传递既浪费时间又影响效率,会直接影响沟通效果。如果团队成员太多,大家相互之间也很难充分地认识和理解,难以形成凝聚力和相互信任感。

4. 团队沟通的技巧

要实现团队的有效沟通,必须消除上述障碍。为更好地完善团队沟通,可以采取以下几种方法和技巧。

（1）建立有利于沟通的机制

为了确保团队成员之间及时沟通,最好能够建立一种沟通的制度。制度在一定程度上为沟通网络渠道提供较为明确的描述。首先要在制度上对于沟通渠道予以确认,这将有助于部门界限和功能地位的清晰,从而避免对沟通的模糊认识。其次,在制度上将权利通道和信息通道界定开来,以维护组织活动的协调和有序。

（2）领导者要认识沟通的重要性

团队的领导者必须真正地认识到与员工进行沟通对实现团队目标十分重要。如果领导者通过自己的言行认可了沟通,这种观念会逐渐渗透到组织的各个环节中去。

（3）信息传递要准确清晰

沟通是信息互通的过程,在这个过程中,信息的准确度和清晰度直接影响沟通的效果。团队成员都希望接受准确又简单的指示,一旦信息传递失真或者信息过于琐碎,成员不能及时、准确地从中了解工作任务和工作要求,那么这样的沟通就成了无效沟通,也会因此影响到员工的工作效率。

（4）提高团队成员的心理水平

要克服沟通的障碍必须注意以下心理因素的作用。第一,在沟通过程中要集中注意力认真感知,以便信息准确而又及时地传递和接受,避免信息错传和缺损。第二,增强记忆的准确性,消除沟通障碍,记忆准确性水平高的人,传递信息可靠,接受信息也准确。第三,提高思维能力和水平是提高沟通效果的重要心理因素,高的思维能力和水平对于正确地传递、接受和理解信息,起着重要的作用。第四,培养镇定的情绪和良好的心理气氛,创造一个相互信任、有利于沟通的小环境,有助于人们真实地传递信息和正确地判断信息,避免因偏激而歪曲信息。

（5）积极倾听

作为团队,成员的倾听能力是保证团队有效沟通的必要条件。具有良好倾听能力的人往往可以在团队中与其他成员自如地沟通。在团队沟通过程中,做到积极倾听,除了要掌握有效倾听的基本技巧外(详见单元九 倾听),还要注意顺利转换倾听者和说话者的角色。积极的倾听者能够使从说者到听者以及再从听者回到说者的角色转换十分流畅。

（6）正确使用语言文字

语言文字运用得是否恰当直接影响沟通的效果。使用语言文字时要简洁、明确,叙事说理要言之有据,条理清楚,富于逻辑性;措辞得当,通俗易懂,不要滥用辞藻,不要讲空话、套话。非专业性沟通时,少用专业性术语。可以借助手势语言和表情动作,以增强沟通的生动性和形象性,使对方容易接受。

（7）缩短信息传递链,拓宽沟通渠道,保证信息的双向沟通

信息传递链过长,会减慢流通速度并造成信息失真。因此,要减少组织机构重叠,拓宽信息渠道。另外,团队管理者应激发团队成员自下而上地沟通。此外,在利用正式沟通渠道的同时,可以开辟非正式的沟通渠道,让领导者走出办公室,亲自和团队成员交流信息。坦诚、开放、面对面的沟通会使成员觉得领导者理解自己的需要和对自己充分关注,取得事半功倍的效果。

（8）选择最佳时机和地点

沟通需要抓住最佳时机,时机不成熟不能仓促行事,而贻误时机就使沟通失去了意义。沟通时还要考虑选择能够让对方消除心理障碍的地点进行沟通,在地点的选择上要注意两点:一是使沟通双方感到轻松自然;二是使周围的干扰因素尽量减少。

 技能训练

（一）案例分析

小于在一家IT公司的软件开发部实习。他所在的这个部门有八名员工,其中张工程师是非常关心国内、国际计算机及软件行业发展动态

的,他经常喜欢看有关这方面的一些资料和最新报道,并且常常在部门里发牢骚,抱怨目前开发的软件过时。他也去找过部门的陈经理,可是这位陈经理整天忙得不可开交,不仅负责组织软件项目的研发,还要和各部门打交道,张工程师每次找他,他总显得不耐烦,导致张工程师对他很有看法。最近,陈经理开始在本部门倡导团队精神:"我们的部门是一个团队,大家扮演着不同的团队角色,我是团队的一员,与大家是平等的,只是充当创新者这一角色,大家都充分发挥各自的角色特征,我们优势互补,要形成一支高效的团队……"当陈经理慷慨陈词时,张工程师就唱起了反调:"在这个公司,上司就是上司,咱就是给人打工的,谁认你是什么团队角色呀,甭说好听的!"

【问题】

① 你认同陈经理所说的话吗?

② 你对张工程师所说的话有什么看法?

③ 如果你是陈经理,在听到张工程师所说的话后,接下来会怎么做?

(二)游戏——同心协力

1. 目标

① 了解团队协作的重要性。

② 增强团队成员的归属感。

2. 形式

将学生分成几个小组,每组在 5 人以上为佳。

3. 要求

每组先派出两名学生,背靠背坐在地上,两人双臂相互交叉,合力使双方一同站起。以此类推,每组每次增加一人,如果尝试失败需再来一次,直到成功才可再加一人。老师在旁观看,选出人数最多且用时最少的一组为优胜。

4. 相关讨论

① 要想顺利完成这个任务,你的想法是什么?

② 你们小组成功的经验或失败的教训是什么?

(三)故事与启示

故事一:神奇的石头汤

有一个装扮像魔术师的人来到一个村庄,他向迎面而来的妇人说:

"我有一颗汤石,如果将它放入烧开的水中,会立刻变出美味的汤来,我现在就煮给大家喝。"

这时,有人就找来了一口大锅,也有人提了一桶水,并且架上炉子和木材,就在广场煮了起来。他很小心地把汤石放入滚烫的锅中,然后用汤匙尝了一口,很兴奋地说:"太美味了,如果再加入一点洋葱就更好了。"立刻有人冲回家拿了一堆洋葱。他又尝了一口:"太棒了,如果再放些肉片就更香了。"又一个妇人快速回家端了一盘肉来。"再有一些蔬菜就完美无缺了。"这个人又建议道。在他的指挥下,有人拿了盐,有人拿了酱油,也有人捧了其他材料,当大家一人一碗蹲在那里享用时,不禁同时发出相同的赞叹声:"神奇的石头煮出的汤,真是天底下最美味的汤!"

【问题】

请谈谈这个故事带给你的启示。

故事二:天堂和地狱

上帝让一个牧师去看一看天堂与地狱的差别。

他们来到一个房间里。房间中央摆放着一锅热腾腾的肉汤,一大群人围着锅坐着,个个都愁眉不展,原来,他们虽然每个人手里都拿着一把汤匙,但汤匙的柄太长,他们无法将汤送到嘴里。面前摆放着美食,他们却只能眼睁睁地望着,仍旧要饿肚子。怪不得一个个神情暗淡、愁眉苦脸。

上帝又带牧师来到另外一个房间。里面仍然是一锅热腾腾的汤。一大群人围着锅席地而坐。他们手中仍拿着长柄汤匙,可每个人脸上的表情却幸福而满足,他们在欢笑、唱歌,过得非常快乐。牧师迷惑不解,他问上帝,同样的食物,同样的条件,第一间房里的人们都在挨饿,处境悲惨,而另外一间房里人们却丰衣足食,过得很快乐,差别为何如此之大呢?

上帝微笑着说:"难道你没有看见,第二个房间里的人都在相互喂对方吗?"

【问题】

① 从这个故事中,你得到了什么启发?

② 举出发生在自己身上或者自己看到、听到的同学之间互相帮助、共同克服困难的事例。

③ 反思自己在团队中不好的处世态度,以及由此导致的不良后果。

面试是人才录用考试的一种基本形式。招聘方通过与应聘者面对面的观察、交谈,来考察应聘者的仪表、性格、谈吐、思想观念、能力水平等素质状况,从而作出录用与否的决策。对于应聘者来说,这既是自我展示、自我推销的机会,也是加深对用人单位(岗位)的了解,以作出明智抉择的过程。

 情景描述

李强是一名应届毕业生,几次面试都以失败告终。一天,他接到一家知名企业的面试通知,李强喜上眉梢,穿了一套名牌西装,头发梳得光亮整齐,精心打扮后出门了。面试地点在九楼,不巧的是电梯维修,他只好步行。爬上九楼已是满头大汗,看看时间来不及了,他边扯掉领带边进入面试房间。"热死我了",没瞅到凳子,只好站着,回答问题时,他感到口渴难耐,说了声"我喝口水",便举起手中的矿泉水瓶咕嘟咕嘟喝了个痛快。这时他才注意到几位主考官正襟危坐,一脸严肃。主考官问他是否同意被派到南方某个城市工作,李强很干脆地回答:"不去!不喜欢那里,环境太差。"几位主考官如遭电击般一齐抬头打量他。

你认为李强会被录用吗?

情 景 分 析

　　李强这次面试的表现显然是不能令用人单位满意的。随意的举止,给人没有礼貌,缺乏修养的感觉;随后回答问题时只考虑个人利益,不仅没能很好地弥补他先前举止的失礼,更让自己的形象一落千丈。面试是一个双向选择的过程,作为求职者要注意自己的言谈举止,应该用自己得体的举止,优雅的谈吐打动主考官,在面试时应避免过多考虑个人利益。

知 识 链 接

　　面试实际上是一种"口试",应聘者口头表达能力的好坏是决定求职成败的关键。在交谈中,语言表达得清晰、准确、得体与否,直接影响着双方信息传递与沟通的效果。尤其是处于"客体"地位的应聘者,为了给招聘方留下美好的"第一印象",特别要注意说话的态度、方式和技巧。

　　用人单位通常想通过面试了解应聘者的以下一些信息。

　　① 面对面沟通的能力。

　　② 气质和性格与公司形象是否匹配。

　　③ 专业技能的掌握程度。

　　④ 经验、能力达到公司要求的程度。

　　⑤ 对该公司的了解程度。

　　……

　　"凡事预则立,不预则废。"充分准备是关键,职业选择是人生大事,不可掉以轻心。

(一)求职面试前准备

1. 材料准备

(1)求职信

　　求职信是针对特定的用人单位而写的,内容一般包括个人受教育情况,工作实习经验,求职的动机和意愿,自己能胜任工作的条件、资格,自己的工作态度等。求职信的首要目的是吸引对方的注意,引起对方的兴趣,在众多的求职者中脱颖而出,获得宝贵的面试机会。

（2）个人简历

简历就是个人基本情况的简要概括和对个人技能、成就、经验、教育程度、求职意向等的简单总结。一份简历通常包括个人的基本情况、兴趣爱好、教育程度、职业经历、奖励情况等。

（3）其他相关材料

其他相关材料包括获奖证书、技能证书、语言水平证书，相关作品等。

2．心理准备

面试前要调整好心态，克服紧张、焦虑情绪，建立自信，自信是一种良好的心理状态，也是通往成功的必要条件。

（二）面试的一般过程

通常，面试一般要经过开场问候、自我介绍、常规提问等几个过程。

1．开场问候

个人单独面试基本上都是从开场问候开始，开场问候很重要，它有可能决定整个面试的基调。开场问候是给面试考官的第一印象，从言谈举止到穿着打扮将直接影响到你被录取的机会。

进门应该面带微笑，但不要谄媚。要主动、有礼貌地招呼主试人员，并向所有的面试人员（如果有多个面试考官的话）示意，如果面试考官正在注意别的东西，可以稍微等一下，等他注意力转过来后才开始。问候时话不要多，说一声"各位考官，上（下）午好！"就足够，如果提前知道他们的身份，直接问候他们的职务会更好。声音要足够洪亮，底气要足，语速自然，总之要彬彬有礼，大方得体，不要拘谨或过分谦让。说话彬彬有礼，与服饰端庄、仪表优雅一样，是一个人美好内涵、修养的外在显现，也是具有良好职业素质的重要特征。

2．自我介绍

面试中一般都会要求考生先做简单的自我介绍，一方面，以此了解应聘者的大概情况；另一方面，考察应聘者的口才、应变和心理承受、逻辑思维等能力。自我介绍是面试实战非常关键的一步，千万不要小视，它既是打动面试考官的"敲门砖"，也是推销自己的极好机会，一定要好好把握。自我介绍的时间一般为 2～3 分钟。

自我介绍一般包括以下内容。

① 姓名、身份。

② 学历、工作（实习）经历、家庭、兴趣、理想等个人情况。

③ 学校或工作期间圆满完成的事，获得的奖励、荣誉等。

④ 职业理想。

例如：

> 大家下午好！我是来自××学校市场营销专业的周明坤。请允许我占用考官几分钟时间进行自我介绍。我喜欢读书，因为它能丰富我的知识；我喜欢跑步，因为它可以磨砺我的意志。我是一个活泼开朗、热情、执著、有坚强意志的人。
>
> 在学校学习期间，我系统地学习了营销专业知识。我曾利用业余时间到××公司营销部实习半年，以弥补自己实践经验的不足，工作受到公司领导的好评。
>
> 我认为，营销是一种服务。既然是一种服务，就应该做到让大家满意，用热情和真心去做。激情，工作中不可或缺的要素，是推动我们在工作中不断创新，全身心投入工作的动力。激情加上挑战自我的意识，我相信我能胜任这份工作。
>
> "诚信是我们合作的基础，双赢是我们共同的目标！"我愿与××公司一起发展，一起创造辉煌的明天！

自我介绍应注意以下一些事项。

① 要突出个人的优点和特长，并要有相当的可信度。介绍的内容不宜太多地停留在诸如姓名、爱好等方面，而应更多地谈一些跟所应聘职位有关的工作经历和所取得的成绩，以证明自己确实有能力胜任所应聘的工作。特别是具有实践经验的要突出自己在这方面的优势，最好是通过自己做过什么实际工作这样的方式来验证一下，表露出能够胜任所应聘岗位的自信。即使意识到自身条件不足，也应该表现出在今后的工作中边干边学、虚心求教、不断进取、完善自我、作出成绩的意愿与信心，从而给招聘官以有朝气、有潜力、有进取精神的良好印象。

② 要展示个性，使个人形象鲜明，可以适当引用别人的言论，如老师、朋友等的评论来支持自己的描述。

③ 自我介绍要用事实说话，不可夸张，少用虚词、感叹词之类。要实事求是地介绍自己的学历、经历、学习成绩、专业技能、兴趣特长，以及家庭状况等，向用人单位展示一个真实的"我"。不编造自己的"辉煌"经历，如实介绍曾经得到过的荣誉。

④ 遣词用句要客观、实在，并留有余地。切忌使用"可能"、"大概"等含糊的字眼，或"必定"、"绝对"等武断的词语，忌说："我绝对有把握"、"今后你们瞧我的"之类狂傲自负的话。

⑤ 要符合常规,介绍的内容和层次应合理、有序地展开。

⑥ 要符合逻辑,介绍时应层次分明、重点突出,使自己的优势很自然地逐步显露,不要一上来就急于罗列自己的优点。

自我介绍要反复模拟练习,并找不同背景的同学提出修改意见,在陈述时,不能让人感觉在背稿,而应该是与朋友交流,语气中肯又不失激情。

3. 常规提问

在任何情况下应聘者都必须认真对待每一个提问。本质上,所有的面试官都在问三个问题:你做得了这个工作吗? 你愿意做这个工作吗? 你和其他求职者比起来又如何?

在参加面试之前,建议应聘者从以下常规提问进行准备。

(1) 你有什么业余爱好

业余爱好能在一定程度上反映一个人的性格、修养、为人及品德。例如你从6岁就开始弹钢琴,直到大学还经常在文艺演出中表演,面试官会对你的毅力及音乐修养肃然起敬。有的人喜欢中长跑,而且成绩也比较好,面试官会认为你有毅力、耐力,竞争意识强,而且能够忍受长时间工作。有的人会下围棋,经常看棋谱,说明爱动脑子,善于分析,逻辑性强。不要说自己没有业余爱好,不要说自己有那些庸俗的、令人感觉不好的爱好。

(2) 谈谈你的家庭情况

这个问题对于了解应聘者的性格、为人处世等有一定的作用。简单地罗列家庭人口,宜强调温馨和睦的家庭氛围、父母对自己教育的内容及对教育的重视、各位家庭成员的良好状况、自己对家庭的责任感。

(3) 你最崇拜谁

最崇拜的人能在一定程度上反映应聘者的人生目标、价值取向。所崇拜的人最好与自己所应聘的工作能“搭”上关系,说出自己所崇拜的人的哪些品质、哪些思想感染着自己、鼓舞着自己。不宜说自己谁都不崇拜,不宜说崇拜自己,不宜崇拜一个虚幻的或是不知名的人,不宜说崇拜一个明显具有负面形象的人。

(4) 你的座右铭是什么

座右铭能在一定程度上反映应聘者的人生观、价值观。座右铭最好能反映出自己的某种优秀品质。不宜说那些易引起不好联想的座右铭和那些太抽象的座右铭。

参考答案:“只为成功找方法,不为失败找借口。”

(5) 谈谈你的缺点

可以说出一些对于所应聘工作“无关紧要”的缺点,甚至是一些表面上看似缺点,从工作的角度看却是优点的缺点。不宜说自己没有缺点,不宜把那些明显的优点说成缺点,不宜说出严重影响所应聘工作的缺点或令人不放心、不舒服的缺点。

参考答案:"我的缺点是性子比较急,一有事就搁不下。"

（6）你有哪些长处

最好可以表明自己性格真诚,做事果断、意志坚强等受用人单位欢迎的优点。

参考答案:"我具有朝着目标努力工作的能力。一旦我下定决心做某事,我就要把它做好。例如,我的志愿是成为一名出色的公关经理,我喜欢接触不同的人,为了实现这个目标,我目前正在研读有关课程。"

（7）谈一谈你的一次失败经历

所谈经历的结果应是失败的。宜说明失败之前自己曾信心百倍、尽心尽力,仅仅是由于外在客观原因导致失败,失败后自己很快振作起来,以更加饱满的热情面对以后的工作。不宜说自己没有失败的经历,或把那些明显的成功说成是失败,也不宜说出严重影响所应聘工作的失败经历。

（8）你为什么选择我们公司

面试官试图从中了解你的动机、愿望以及对此项工作的态度。建议从行业、企业和岗位这三个角度来回答。

参考答案:"我十分看好贵公司所在的行业,我认为贵公司十分重视人才,而且这项工作很适合我,相信自己一定能做好。"

（9）对这项工作,你有哪些可预见的困难

可以尝试迂回战术,说出应聘者对困难所持有的态度。不宜直接说出具体的困难,否则可能令对方怀疑应聘者不行。

参考答案:"工作中出现一些困难是正常的,也是难免的,但是只要有坚韧不拔的毅力、良好的合作精神以及事前周密而充分的准备,任何困难都是可以克服的。"

（10）如果两个公司都聘用你,你会如何选择

一般大家都会以公司名气和工资高低作为取舍依据,而很少有人会把工作部门与职位、公司的发展前景、个人在公司的发展前途、将来的顶头上司和团队成员会是什么样的人等因素进行综合分析、比较,然后得出结论。

许多很优秀、竞争力明显很强的人同时拿到了大公司与小公司的聘书,却选择了工资并不高的小公司,他们考虑到优秀人才在小公司"出头"的机会更多、更早,可见小公司也有它吸引人的地方。

参考答案："我会把我任职的部门与职位、公司的发展前景、个人的发展前途及将来与我一起工作的团队等因素进行综合分析后作出选择。"

（11）与上级意见不一致时，你将怎么办

一般可以这样回答："我会给上级以必要的解释和提醒，在这种情况下，我会服从上级的意见。"如果面试你的是总经理，而你所应聘的职位另有一位经理，且这位经理当时不在场，可以这样回答："对于非原则性问题，我会服从上级的意见，对于涉及公司利益的重大问题，我希望能向更高层领导反映。"

（12）我们为什么要录用你

应聘者最好站在招聘单位的角度来回答。招聘单位一般会录用这样的应聘者：基本符合条件、对这份工作感兴趣、有足够的信心。

参考答案："我符合贵公司的招聘条件，凭我目前掌握的技能、高度的责任感和良好的适应能力及学习能力，完全能胜任这份工作。我十分希望能为贵公司服务，如果贵公司给我这个机会，我一定会全力以赴地工作。"

（13）你能为我们做什么

基本原则是"投其所好"。回答这个问题前应聘者最好能"先发制人"，了解招聘单位期待这个职位所能发挥的作用。应聘者可以根据自己的了解，结合自己在专业领域的优势来回答这个问题。

参考答案："我不敢说我能作出什么惊天的伟业，但我想我会在贵公司领导的带领下，充分发挥我的专业特长，为公司发展贡献出我全部的才能。如果可能的话，这不仅是一种责任，更是一种义务。"

（14）你是应届毕业生，缺乏经验，如何能胜任这项工作

如果招聘单位对应届毕业生的应聘者提出这个问题，说明招聘单位并不真正在乎"经验"，关键看应聘者怎样回答。对这个问题的回答最好要体现出应聘者的诚恳、机智、果敢及敬业。

参考答案："作为应届毕业生，在工作经验方面的确会有所欠缺，因此在读书期间我一直利用各种机会在这个行业里做兼职。我也发现，实际工作远比书本知识丰富、复杂。但我有较强的责任心、适应能力和学习能力，而且比较勤奋，所以在兼职中均能圆满完成各项工作，从中获取的经验也令我受益匪浅。请贵公司放心，学校所学及兼职的工作经验使我一定能胜任这个职位。"

（15）你希望与什么样的上级共事

通过应聘者对上级的"希望"可以判断出应聘者对自我要求的意识，这既是一个陷阱，又是一次机会。最好回避对上级具体的希望，多谈对自己的要求。

参考答案："作为刚步入社会的新人,我应该要求自己尽快熟悉环境、适应环境,而不应该对环境提出什么要求,只要能发挥我的专长就可以了。"

（16）最基础的工作你也会愿意干吗

很多人会说愿意做最基础的工作,并会补充说自己没有经验干不了什么大活,这无疑暴露出如果给你这份工作,你明显不会心甘情愿地付出,只会应付差事。

参考答案："每个人都有弱项,基础性的工作可以让自己的基本功更扎实,没有通过单调、枯燥的工作得到磨炼的人,将来在挑战性很大的工作中,很难有毅力去征服困难。某种程度上,早期的单调工作对长远的更大成功是一种难得的磨炼机会。"

（17）你找工作时最主要的考虑因素是什么

求职时应考虑的因素:薪资福利、工作环境、职业意向、发展前景等。找工作时当然应该有全面的评估与考虑,不过最根本的因素还是取决于工作本身。如果工作内容无法满足个人对于工作的期望,则公司的前景再乐观、待遇福利再优厚,终究是留不住人才的。

企业要选择的是工作表现好,能够真正有所贡献,并将公司推向更高境界的人员,而不是纯粹慕名求利而来的人。

参考答案："我更注重工作的性质是否能让我发挥所长,并不断成长。"

（18）如果我们雇用你,你什么时候可以开始上班

面试官想以此考察应聘者的责任感及职业道德等方面的情况,回答时不要过多考虑个人利益。

参考答案："我会尽量配合,只要你们需要我随时可以开始工作。"

（19）如果我们接受你,你会干多久

没有用人单位喜欢频繁跳槽的员工,回答这个问题可以投其所好。

参考答案："没人喜欢频繁换工作,如果能学以致用,发挥自己的特长,我没有理由不专心工作。"

（20）你还有什么问题要问吗

通常在面试结束的时候,会问这个问题。面试者要把握好这个机会,同时借这个机会给对方留下深刻的印象。不过,别问待遇、红利、公司地址等问题。

同一个面试问题并非只有一个答案,而同一个答案并不是在任何面试场合都有效,关键在于应聘者掌握了规律后,对面试的具体情况进行把握,有意识地揣摩面试官提出问题的心理背景,然后投其所好。

参考答案:"假如你们录用我,而且我也接受,公司对我有什么期望?"

面试结束,应该主动向主试者表示谢意,并且适时离去,无论面试过程如何,都该从容离去,不可表现过于自信或失望的态度。

(三)面试的语言技巧

在应聘面试时,如果你说得太少,招聘者就不能对你有充分了解,也就减少了任用你的可能;如果你说得太多,你又犯了一个忌讳:你告诉招聘者的某些东西反而会导致他拒绝接受你。解决这个问题的办法是让你居于两者中间,回答时要慎重,与提问相应,最好使用已经事先准备好的词语,适可而止。

招聘者的提问一般分为两类:封闭式的问题和开放式的问题。

封闭式的问题答复唯一,一般用"是"或"否"来回答。封闭式的问题经常是用这些词开始的:"你能……?""你干过……?""你是……?""哪一个……?""什么时候……?""谁……?"对这类问题应聘者应予以简单的肯定或否定的回答。

开放式的问题通常无法用"是"或"否"来回答,答复是开放式的。常常是这样开始的:"为什么……?""告诉我关于……?""什么……?""怎样……?""你认为……?""给我举几个例子……,如何?""给我解释一下……,行吗?"这类问题也是招聘者常问的,它可以鼓励应聘者在回答问题时进行发挥。

当你面对一个封闭式的问题时,要尽量避免简短的答复,而要通过举例(不是一般化的陈述)来展开答案。例如,问:"你能使用计算机吗?"你可以这样回答:"是的,而且我自己就拥有一台。我经常利用它来上网查阅资料,制作PPT等。计算机已经成为我学习和生活中不可缺少的伙伴和帮手。"

对于开放式的问题,需要进行考虑后作答,要防止转化成为封闭式的问题。例如,问:"可以谈谈你的志向是什么吗?"如果你回答:"哈,我认为我没什么志向,走一步看一步吧。"或者"五年之后,我希望我能坐到你的位置上,并帮助你继续提升。"这两个回答都是愚蠢而且是糟糕的。较好的答复是:"我要不断提高业务能力(技术水平),在这个岗位上干两三年之后,就有能力担负更多的重任。如果时机成熟,我愿意做一名中层(销售经理)干部而后成为公司的管理者。"这个回答既显示了自己的抱负又不得罪招聘者。

当面对假设性提问:"如果……你将怎么办?"之类的句式时,最好这样回答:"在我回答这个问题之前,我想知道这种条件下的所有事实。而且,我还想告诉您我曾经解决过的这类问题以及我的解决方法。"这种问答,可以始终处于熟悉的语言背景之下,使用你为面试而准备的材料。

（四）面试中的非语言技巧

① 坚定有力的握手。坚定有力地和主考官握手，是一种自信的表现。虚弱或随便地和人握手，表示你是一个软弱、不稳定的人，没有一位考官希望和这样的人面试。但女士不宜太用力。

② 目光接触、微笑。在应聘面试中，要始终面带微笑，目光自信、坚定，当有多名面试官时，目光要环视，照顾到每一个人。

③ 不时地点头回应。用专注的神情倾听招聘人员的问话，并不时地点头示意、回应。

④ 用谦恭、委婉的语气回答提问。高雅的谈吐是优雅风度的重要特征。语调要平缓、流畅，不疾不徐。不要打断对方的说话，急于自我表现，这容易给人缺乏礼貌与尊重的感觉。要听清楚对方问话意图再作回答，否则，容易答非所问或词不达意，还会给人留下浮躁、鲁莽的不良印象。

（五）应聘者易犯的错误

应聘者易犯的错误通常有两类：一类是没有很好地进行思考、计划、演练以提高自己的发言能力；另一类是在面试中回答提问时不顾及招聘者而过多地考虑自己。具体表现为：穿着打扮不适合招聘行业的职业特点；回答问题不严肃；对获得某项工作表现出迫不及待；过多地考虑私人利益；总希望招聘单位给自己方便等。

在面试过程中，不要和面试者对立起来，不要对对方出言不逊，不要贬低你自己的老师或教育，不要在回答问题之前犹豫不决。

在面试过程中，招聘者喜欢的应聘表现为：友好、乐观、轻松、坚定、诚恳、坦率、有思想、机敏灵活、积极主动、有必胜的信心、对工作充满兴趣、适度的举止和充分的准备。招聘者不喜欢的应聘表现为：冷淡、怀疑、害羞、紧张、缺乏信心、满腹牢骚、志向低下、进取心差、气势汹汹、举止不雅、对金钱和地位过分感兴趣。

技 能 训 练

（一）问题分类与回答训练

请将下列问题分为封闭式和开放式两类，然后进行回答练习。

① 你喜欢学生生活吗？

② 你最喜欢学生生活的哪些方面？为什么？

③ 你能使用计算机吗？

④ 你对计算机了解多少？

⑤ 你能遵守纪律吗？

⑥ 在危急关头你能保持冷静吗？

⑦ 告诉我你过去曾经历的最大失败是什么？你是怎样处理的？

⑧ 你能告诉我你曾作出的最艰难的决定吗？为什么？

（二）情景分析

下列应聘者都未被录用，请指出他们的失误。

情 景 一

招聘者对罗兰很满意，罗兰也感到心情舒畅。即将结束时招聘者问道："做一名办公室文员，你认为最重要的素质是什么？"罗兰开玩笑地回答："我一直这样认为，应该是：我烧得一手好菜。"

情 景 二

李翰到一家银行面试出纳员职位。他穿着一套绿色的西服，看上去像一个娱乐场所的服务员。见面后这家银行的人事经理说："不必来拜访我们，我们会电话通知你的。"

情 景 三

周利想挣点外快，于是他决定到一家高尔夫球场去当球童。面试后，老板决定让他为球员捡球，这项工作不如背球棒的薪水高。于是周利说："我宁肯背球棒也不愿捡球。"当其他的人都去干捡球或提背包的工作时，他却整天坐在家里。

情 景 四

在面试临近结束的时候，商店经理表示对面试的情况很满意，并将于几天后与雷德再见面。"你不能现在就告诉我能否得到这份工作吗？因为过几天我要外出旅游了。""噢？你不是告诉我，一接到通知就马上工作吗？""你最好别指望我坐下来等你的电话。""那好吧，如果我们需要你就会与你联系的。"结果这位经理始终未给雷德打电话。

情 景 五

某公司人事部经理在面试接近尾声时，问应聘者南茜是否存在什么疑问。"是的，我很想知道你们有关休产假的规定。"经理回答了这一问题并告诉南茜，她是被考虑的几个候选人之一，一旦公司作出决定，会马上通知她。结果,南茜未接到录用通知。

(三) 案例分析

案 例 一

某校应届毕业生小李和小张,学历与所学专业相同,而小李的学习成绩与专业技能比小张略好一些。他们二人同去某公司参加招聘面试,当该公司人事部经理表示这份工作有相当难度,需要有一定的工作经验,问他们能否胜任时,小李说:"本人刚刚毕业,毫无工作经验,不知道能否胜任。但我愿意尝试一下,或许能够逐步适应。"小张说:"我虽是刚毕业的学生,还缺乏实际工作经验,但我学的是相关专业,具备了较好的专业基础知识,也经过一段时间的实习,只要虚心向前辈学习,勤奋努力地工作,相信我能尽快缩短适应期,胜任这份工作。"

【问题】

应聘者小李和小张谁回答得更好一些,谁被录取的可能性更大? 为什么?

案 例 二

林小姐是某职业技术学院的高材生,主修电子商务,选修文秘,应聘某知名集团公司的文秘岗位。面试中双方谈得非常愉快,快接近尾声时,人力资源主管问她:"对你来说,现在找一份工作是不是不太容易,或者说你很需要这份工作?"林小姐说:"那倒不见得。"

【问题】

这样的回答结果怎样? 假如你是林小姐,该如何回答?

案 例 三

刘先生面试一路绿灯,过关斩将,最后人才资源主管问他:"你为什么想进我们公司?"刘先生回答:"你们公司的培训机会很多,我想来这儿好好学习。"

【问题】

这样的回答结果会怎样?

(四) 面试提问与回答练习

① 在招聘面试中,招聘者对你的成绩单上有一门专业课成绩不合格表示不满意时,你将怎样说以改变他的看法?

② 你很想了解招聘单位的经济实力，以及将会给你多少薪水，你认为是直截了当地向招聘者询问好，还是委婉含蓄地暗示好？为什么？

（五）情景模拟——应聘面试

请分别扮演招聘者与应聘者，模拟相关专业的用人单位招聘面试的情景。"招聘者"向"应聘者"提问，"应聘者"要做一段一两分钟的自我介绍。

在职场中,我们免不了与自己的上级进行交往。掌握与上级沟通的技巧,积极、主动、及时与上级进行有效沟通,建立并保持良好的上下级关系,有利于自己在组织中获得更多发展和提升的机会。

情景描述

　　小宇、小薇、小丽同在一家心仪的公司实习。小宇一直埋头苦干,希望有更好的机会展示一下自己的才干,用行动争取留用的机会。小薇也有同样的做法,同时,她去打听老总上下班的时间,算好他会在何时出办公室,希望能遇见老总,有机会打个招呼。小丽则不但埋头苦干,同时详细了解部门领导和老总的人际风格、兴趣爱好、关注的问题,精心设计的简单却有分量的"招呼语"屡屡派上用场,老总有时也会和小丽简单地聊上几句。实习期满,老总通知人力资源部录用小丽。

为什么小丽实习期满被录用,而小宇、小薇又差在哪儿?

情景分析

　　小宇、小薇不懂得如何与上级沟通错失机会,而小丽善于揣摩上级的性格,抓住机会,积极、主动与上级沟通,最终取得录用资格。因此,我们应该掌握与上级沟通的技巧,积极主动地与上级沟通,才能赢得赏识和器重,个人的发展才能更好、更快。

知 识 链 接

(一)与不同性格的上级沟通的技巧

领导者都有自己的性格,也有他的作风和习惯。认真仔细去揣摩,在与之沟通的过程中,针对不同性格的人运用不同的沟通技巧,会取得良好的沟通效果。

我们将领导风格划分为三种,其具体性格特征、与其沟通技巧如表 18-1 所示。

表 18-1　领导风格划分及其性格特征、与其沟通技巧

领导风格	性 格 特 征	与其沟通技巧
控制型领导	1. 态度强硬 2. 充满竞争心态 3. 要求下属立即服从 4. 实际,果断,求胜欲望强 5. 对琐事不感兴趣,关注结果	1. 与其沟通要开门见山,简明扼要,不拖泥带水 2. 尊重其权威,认真对待其指令,不评价其个性和人品,多称赞他们的成就
互动型领导	1. 善于交际,喜欢与他人互动交流 2. 喜欢享受他人的赞美 3. 凡事喜欢参与	1. 对其要真心诚意地公开赞美,而且要言之有物 2. 开诚布公地与其谈问题,不要私下议论或发泄不满情绪
实事求是型领导	1. 善于理性思考,但缺乏创造力 2. 不感情用事,讲究逻辑而且严谨 3. 为人处世有自己的原则 4. 喜欢弄清楚事情的来龙去脉 5. 是方法论的最佳实践者	1. 与其沟通要言之有物 2. 要直截了当回答其提出的问题 3. 对其进行工作汇报,就关键性的细节应详细说明

(二)与上级有效沟通的态度

1. 坦诚而不虚伪

与人坦诚相待,反映了一个人的优良品质。下属在工作中不要对上级保密或隐瞒,要以开放而坦诚的态度与领导沟通,这样才能让领导觉得你可以信赖,才能赢得上级的肯定与支持。

2. 尊重而不吹捧

作为下属一定要充分尊重自己的领导,在各方面维护领导的权威,支持领导的工作,为领导排忧解难。

3. 请示汇报而不依赖

作为下属不能事事请示,遇事没有主见,大小事都不能做主,这样会给领导留

下"工作能力差"的印象。该请示汇报的必须请示汇报,但不要依赖、等待,还应在自己职权范围内创造性地开展工作。

4．主动而不越权

作为下属对待工作要积极主动,大胆负责,应以有利于维护领导的权威,维护团队内部的团结为前提,不能对领导阳奉阴违,也不要唯唯诺诺,领导说啥是啥,自己不承担责任。在某些工作上不能越权或越级上报。

5．自信而不自负

作为下属与领导沟通时,应表情自然,充满自信,用自信去感染上级。切忌表现得过度自信,过度的自信就是自负,会给领导留下一种容易骄傲自满的印象。

（三）向上级请示汇报的技巧

1．认真聆听,做好记录

作为下属明白领导的意图和工作的重点最简洁有效的方式就是边听边记。我们中国有一句古话叫"好记性不如烂笔头",认真聆听,然后记下来,再慢慢理解和揣摩。建议采用"5W2H"的方法来记录。

"5W"——谁传达指令(who)、做什么(what)、什么时间(when)、什么地点(where)、为什么(why)。

"2H"——怎么做(how)、工作量(how much)。

"5W2H"是我们理解工作信息的导向,这其中任何一点,如果领导没有说明白,你都要主动询问,并记录下来。

2．理解透彻,恰当反馈

为避免理解上出现差错,在接受上级的指示后下属应进行恰当的反馈。当对领导的指令理解模糊或者不是很确定时,不要"想当然",心存侥幸,而要立即向上级就重要问题进行确认。同样,在执行任务的过程中,倘若遇到心存疑问之处,也要及时跟上级沟通,避免你所做的工作达不到领导想要的结果。

3．巧妙请教,及时汇报

在工作的进行过程中,向领导请教和汇报有两个好处。一个是让领导掌握你的工作进度,得到上司的指点。遇到难题向领导请教,领导会帮你一把,给你增加一些资源、一些好点子。即使最后工作没有按预期完成,领导因为早就知道状况了,也不会有太大的心理落差。另外一个好处就是显示你对领导的尊重,给足领导面子,以满足领导的成就感。

（四）说服上级的技巧

1. 选择适当的时机

建议与领导沟通最好选择在上午 10 点左右或午休结束后的半小时里,此时下属适时提出问题和建议,比较容易引起领导的关注;另外,无论什么时间,如果领导心情不好,下属最好不要打扰他。

2. 灵活运用事实数据

作为下属在提出建议或者推广新的提案等时,要事先收集和整理好有关数据和资料。用事实和数据说话,说服力强,易被领导接受和认可。切忌夸夸其谈,言之无物。

3. 预测质疑,准备答案

作为下属在提出建议和设想时,最好对领导提出的疑虑进行充分的思考和准备,真正做到胸有成竹。如果领导对建议和设想提出质疑,下属毫无准备,当然不能说服领导,同时还会给领导留下逻辑性差、思维不够缜密的印象。

4. 简明扼要,突出重点

在说服领导时,要简明扼要,重点突出地说出自己最想解决或领导最关心的问题,而不要东拉西扯,分散领导的注意力。因为领导的时间难以把握,很可能下一分钟就有电话打进或有重要事情而打断你们的谈话。

5. 面带微笑,充满自信

在与人沟通的时候,一个人的语言和肢体语言所传达的信息都很重要。作为下属若是对自己所提的建议或提案充满信心,那么他面对领导,应该是表情自然、大方自信,这样才能感染领导,说服领导。反之,表情紧张、局促不安,会让领导有建议或提案不可信任的感觉。

6. 尊重领导的决定

无论你的建议多么完美,也只是站在自己的角度考虑的。因此,阐述完你的建议后应该给领导留一段思考的时间。即使他否定了你的建议,你也要感谢领导倾听你的建议,同时让领导感觉到你工作的积极性和主动性。

技 能 训 练

（一）案例分析

案例一：名医劝治的失败

我国古代春秋战国时期,有一位著名的医生,他叫扁鹊。有一次,扁鹊谒见蔡桓公,站了一会儿,他看看蔡桓公笑着说:"国君,你的皮肤有病,不治怕是要加重了。"蔡桓公笑着说:"我没有任何病。"扁鹊告辞后,蔡桓公对他的臣下说:"医生就喜欢给没病的人治病,以便显示自己有本事。"

过了十几天,扁鹊又前来拜见蔡桓公,他仔细看看蔡桓公的脸色说:"国君,你的病已到了皮肉之间,不治会加重。"蔡桓公见他尽说些不着边际的话,气得没有理他。扁鹊走后,蔡桓公还没有消气。

又过十多天后,扁鹊又来朝见蔡桓公,神色凝重地说:"国君,你的病已入肠胃,再不治就危险了。"蔡桓公气得叫人把他轰走了。

再过十几天,蔡桓公出宫巡视,扁鹊远远地望见蔡桓公,转身就走。蔡桓公很奇怪,派人去追问。扁鹊叹息说:"皮肤上的病,用药物敷贴就可以治好;皮肉之间的病,用针灸可以治好;在肠胃之间,服用汤药就可以治好;但是病入骨髓,那么生命已掌握在司命之神的手里,医生是无能为力了。如今国君的病已深入骨髓,所以我不敢去谒见了。"蔡桓公听后仍不相信。

五天之后,蔡桓公遍身疼痛,连忙派人去请扁鹊,这时扁鹊已经逃往秦国躲起来了。不久,蔡桓公便病死了。

【问题】

① 为什么扁鹊无法说服蔡桓公?(时机合适吗?场合合适吗?气氛合适吗?)

② 假如你是扁鹊,你有什么好的方式能够说服蔡桓公治病?(怎么说他才高兴听?怎么说他的情绪会放松?怎么说他比较容易接受?)

案 例 二

小方是某公司的一名文员,在快到新年的时候,按照公司惯例,她要给和公司有业务往来的客户寄明信片。小方发现经理交给她的名片中有地址已发生改变或业务上已没有往来的客户,就去提醒经理,这时经理正忙着手头的工作,不耐烦地说:"你别管,按照我给你的名片地址寄出去就是了!"

当小方把打印好的明信片请经理过目时,经理却指责小方将一些已经不是公司的客户打印在明信片上。小方当时觉得很委屈,想说出来又担心经理会给自己安个"顶撞上司"的罪名。之后,小方心里一直觉得挺别扭,以致影响到了工作。

【问题】

① 小方在请示上级的时候出现了什么问题?

② 小方在经理指责之后应如何与上级沟通？

（二）情景模拟——与园长沟通

1. 目标

① 训练与上级沟通的技巧。

② 体验如何才能说服上级。

2. 情景

　　张盈在××幼儿园实习已经三个多月了，按合同规定三个月试用期满该转为正式员工。她多次暗示园长希望能给她办理相关手续，可园长总是以自己忙为借口，一拖再拖。这天一上班，她就决定找园长谈一谈，把这个问题解决了。

如果你是张盈，你应该用什么方式说服园长？

3. 形式

分组进行，可以三人一组，其中一人扮演张盈，一人扮演园长，另一人进行监督和评价，每个人都轮流扮演张盈。

4. 规则

① 在演练过程中，每个同学都要严肃认真，言行要符合规范。

② 在实际模拟时，全体同学一起对某一小组的表现进行评论。

单元十九　与同事沟通

在职场中，与同事相处得如何，直接关系到自己工作、事业的进步与发展。掌握与同事沟通的技巧，可以改善与同事关系，有利于工作的顺利进行；反之，与同事关系紧张，则可能陷入举步维艰、众叛亲离的泥潭，妨碍工作的推进和事业的发展。

情景描述

小凯毕业到一家公司工作有一个月了，一个月来他处处小心做事，每每笑脸相迎，所以同事们对他的态度也颇为友善。后来发生了一件事，改变了同事对他的态度。

一次，一位同事和他说起部门的事，发了一通牢骚。小凯与他谈得很投机，便将一个月来看到的不顺眼的人和事一股脑儿地向这位同事倾诉。不料没出几日，他的这些"恶言"好像长了"翅膀"，部门里没有不知道的。小凯狼狈至极，也孤立至极。

小凯在与同事沟通中为什么会造成如此尴尬的局面？

情景分析

小凯因为不懂"来说是非者，必是是非人"这样一个浅显的道理，无意中得罪了同事。作为职场新人，初到新环境，应该多听多看少说，学习与同事和谐沟通的技巧，尽快适应新环境，打开新局面。

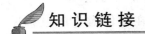

知 识 链 接

（一）与同事融洽相处的方法

1. 尊重对方

尊重是一种修养，一种品格；一种对别人不卑不亢、不仰不俯的平等相待；一种对他人人格与价值的充分肯定。"若要人敬己，先要己敬人"，尊重与被尊重体现在与同事的相互交往中。双方相互尊重，不仅可以使各种问题简单化，而且会使双方都愉悦和快乐。

2. 真诚微笑

真诚的微笑是一种令人感觉愉快的面部表情，反映自己心底坦荡，善良友好，待人真心实意，而非虚情假意，使人在与同事交往中自然放松，不知不觉地缩短了心理距离，为深入沟通与交往创造温馨和谐的气氛。

3. 谦虚待人

在同事面前，适当的谦虚是一种美德，一个人只要作出谦虚的姿态，自然会受到同事的欢迎。若经常自吹自擂，其结果却恰恰相反，就会让人产生反感，时间久了，同事就会对你敬而远之。

4. 赞美欣赏

世界著名的哲学家詹姆士精辟地指出："人类本性中最深刻的渴求就是赞美。"能够看到同事身上的优点，并及时给予赞美、肯定，对一些不足给予积极的鼓励，这是良好沟通的基础。不要背后议论你的同事，要常常做"送人鲜花的人"，不要做"抛人泥土的人"，和颜悦色是人们交往的需要。你这样做了，就一定能得到同事的喜欢。需要注意的是，赞扬别人时也要掌握分寸，不要言过其实；否则，容易让人产生虚伪的感觉，失去别人对你的信任。

5. 善于倾听

善于倾听，不仅是关爱、理解，更是调和人际关系的润滑剂。在很多时候，我们更需要的往往不是口腹之欲，而是一方可以栖息心灵的芳草地。当同事的家庭、生活、工作出现麻烦而心情不愉快时，他向你倾诉，你一定要认真倾听，把自己的情感融入其中，成为同事最真诚的倾听者，这样会加深同事之间的情感。

6. 理解宽容

在与同事的交往中，吃亏、被误解、受委屈的事总是不可避免地会发生，面对这些，最明智的选择就是学会理解宽容。在发生误解和争执的时候，一定要换个角度,站在对方的立场上为对方想想,理解一下对方的处境,千万别情绪化,甚至把对方的隐私抖出来。任何背后议论和指桑骂槐,最终都会在贬低对方的过程中破坏自己的形象。其实宽容了别人,就是善待自己,将自己心中的愠怒化作和风细雨,神清气爽地度过每一天。宽容,它往往折射出为人处世的经验,待人的艺术,良好的涵养。需要注意的是,宽容也是有限度的,超过了这个限度,就是对同事的纵容,对同事的不负责了。

7. 求同存异

同事之间由于经历、立场等方面的差异,对同一个问题,往往会产生不同的看法,引起一些争论,一不小心就容易伤和气。因此,与同事发生分歧时要努力寻找共同点,争取求大同存小异。实在不能取得一致意见时,不妨冷处理,可以表明"我不能接受你的观点,我保留我的意见",这样既可让争论淡化,又不失自己的立场。

8. 少争多让

有些同事平时和你一团和气,然而遇到利益之争,就当"利"不让。甚至还在背后互相诋毁,说风凉话。这些做法都不利人利己。对待同事的升迁、功利要保持一颗平常心。如果你帮助同事获得荣誉,他会感激你的功绩和大度,更重要的是增添了你的人格魅力。对一些非原则性的问题,切忌去争什么你输我赢,否则,其结果只能使双方受到伤害,百害而无一利。

9. 不说是非

与同事相处时,应竭力避免在背后说别人的长短与是非。特别在大庭广众,如果你说别人的是非长短,有时言者无意,听者有心,不胫而走,往往会挫伤他人的自尊心。这些不负责任的言论,没有意义,也会伤害同事间的感情。经常性地搬弄是非,会让同事对你产生一种避之唯恐不及的感觉。要是到了这种地步,相信你在单位的日子也不太好过,因为到那时已经没有同事把你当回事了。

10. 受恩不忘

在力所能及之处帮助了别人,不要总是记得自己帮了他什么忙,也不要总是挂在嘴上。而如果受到了别人的帮助,或援手之助不要忘怀,要时刻记住他人的帮助之情,适度地表示感谢。这样,不但能增进同事间的友情,也表现了你"受恩不忘"的可贵品格。

(二)与不同性格同事沟通的技巧

与同事沟通的目的是为了更好地完成自己的工作,因此,无论对方的性格如何,都要想出相应的办法来面对。所以,有必要把同事的性格进行一下分类,确定自己在和他们沟通时采取什么样的策略才能使大家形成一种默契。

1. 脾气急躁型

这种人往往有一颗简单而善良的心,他们眼里容不得沙子,却经常被事情的表面现象蒙住眼睛。对于这样的同事,我们要有包容、理解的心,相信他们并没有恶意,当他们冲你发火的时候,不要着急解释。最好的办法是等他火气消一消,然后再细细道来,用春雨润物细无声的办法使他认识到自己的错误,继而赢得他的信服。总之,千万不要在当时和他较真儿,如果这样处理,只能是火上浇油。

2. 傲慢无礼型

这种人一般以自我为中心,自高自大,常摆出一副盛气凌人、唯我独尊的架势,缺乏自知之明。对于这样的同事,我们可以尽量减少与他相处的时间。在和他相处的有限时间里,尽量充分地表达自己的意见,不给他表现傲慢的机会;同时交谈言简意赅。尽量用短句子来清楚地说明你的用意和要求。给对方一个干脆利落的印象,也使他难以施展傲气,即使想摆架子也摆不了。

3. 沉默寡言型

这种人一般性格内向,不善交际与言辞,但并不代表他没话说。和他共处,你需要把谈话节奏放慢,并仔细观察他的言行举止,寻找他感兴趣的问题和比较关心的事进行交流。一旦谈到他擅长或感兴趣的事,他马上会"解冻",滔滔不绝地向你倾诉起来。

4. 争强好胜型

这种人狂妄自大,喜欢炫耀,对于比自己强的同事非常看不惯,总想在公开场合压你一头,向大伙儿证明他比你强。对于这种同事,你可以保持适度的谦让,也可以置之不理,让时间和业绩证明究竟谁强谁弱。在适当的时机也可以挫其锐气,让他知道,山外有山,人外有人,不要不知天高地厚。

5. 工于心计型

这种人习惯将自己的想法和看法装在心里,在和别人交流的时候,他更多的是作为一个倾听者站在那里。他希望通过你的诉说,找出你的特长和弱点,从而把竞争的主动权牢牢握在手里。和这种人交往,你一定要有所防范,不要让他完全掌握你的全部秘密和底细,更不要为他所利用,从而陷入他的圈套而不能自拔。

6. 口蜜腹剑型

这种人"明是一盆火,暗是一把刀"。碰到这样的同事,最好的应对方式是敬而远之,能避就避,能躲就躲。如果这种人打算亲近你,你应该找一个理由想办法避开,尽量不要和他一起做事,实在分不开,不妨每天记下工作日记,为日后应对做好准备。

7. 尖酸刻薄型

这种人和别人争执时往往挖人隐私不留余地,同时冷嘲热讽无所不至,让对方自尊心受损,颜面尽失。对于这种同事,和他保持距离,不要惹他,吃一点儿小亏,听到一两句闲话,也应装作没听见,不恼不怒,由他而去。

8. 固执己见型

这种人一般观念陈腐,思想老化,但又坚决抵制外来建议和意见,刚愎自用,自以为是。对待这种人,仅靠你三寸不烂之舌是难以说服他的。你不妨单刀直入,把他工作和生活中某些错误的做法一一列举出来,再结合眼下需要解决的问题提醒他将会产生什么严重后果。这样一来,他即使当面抗拒你,内心也开始动摇,怀疑起自己决定的正确性。这时,你趁机摆出自己的观点,动之以情,晓之以理,那么,他接受的可能性就大多了。

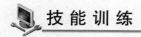 **技 能 训 练**

(一) 案例分析

案 例 一

　　晓晴所在公司的办公室里大多是男同事。在中午吃饭的时候,同事们往往聚在一起谈天说地,十分投入。所谈问题无非集中在体育赛事和股票行情,晓晴对这些问题不太感兴趣,所以也很少加入他们的交流。过了一段时间,晓晴发现经常在一起交流的同事彼此之间好像亲切一些,工作之间也很配合,而自己好像局外人一样,和他们比较生疏。

【问题】

晓晴怎样做才能扭转这样的局面?

案 例 二

　　小李和小于同在一个部门工作,最近部门领导让他们俩共同负责策划单位周年庆典活动。开始的时候两人配合默契,但是接下来发生的事情让小李对小于很有看法。他们俩对庆典活动进行了周密安排,制订了一份详细的活动计划,许多想法都是小李先提出来的,当时小于还拍手叫好,称赞小李。第二天刚上班,部门经理看见小李就说:"你们制订的活动计划,我看过了,小于说了许多新的想法,我觉得不错。"小李的眼睛越瞪越大,因为部门经理说的"新想法"都是自己的设想,小于只不过在此基础上完善了一下而已。还有一次,两人去一家酒店洽谈庆典活动的具体事宜,回来已是中午,小李径直去单位食堂吃饭。当他回到办公室的时候,部门经理对他说:"对于你们在这家酒店举办庆典活动的创意,我很满意,尤其是小于主动积极,有想法,也很有创意。本来这次活动是我负责,现在就由小于来主抓吧,希望你好好配合他的工作。"原来,小于又将庆典活动策划情况第一时间向领导汇报了,而且领导对小于的表现也很欣赏。

【问题】

想一想,接下来小李如何和小于这样的同事一起开展工作?

(二) 故事与启示

记 住 恩 惠

有一次,吉伯和马沙这一对朋友一起旅行。经过一处山谷时,马沙失足滑落,幸而古伯拼命拉他,才将他救起。于是,马沙在附近的大石头上刻下了一行字:某年某月某日,吉伯救了马沙一命。

两人继续走了几天,来到一处河边,吉伯跟马沙为了一件小事吵起来,吉伯一气之下打了马沙一记耳光,于是马沙跑到沙滩上写下一行字:某年某月某日,吉伯打了马沙一记耳光。不久,他们旅游回来了,有人知道这事后好奇地问马沙为什么要把吉伯救他的事刻在石上,将吉伯打他的事写在沙滩上?

马沙回答道:"我永远都感激吉伯救我,至于他打我的事,随着沙滩上字迹的消失,我会忘得一干二净。"

【问题】

请说说这个故事对你的启示。

(三) 情景模拟——与同事沟通

1. 目标

① 训练与同事沟通的技巧。

② 体会与同事进行积极沟通的重要性。

2. 情景

小颖是一个直肠子的女生,心里总搁不住事儿,有什么就说什么,从来不会隐瞒自己的观点。毕业后她分到一家旅行社工作,有时看见有的同事在办公室抽烟,她会说:"不要在办公地点抽烟。"看见有的同事用单位的电话聊私事儿,她会劝阻:"这是上班时间,不要浪费公司的资源。"看见有的同事上班时间吃东西,她会提醒:"上班时间不要吃东西。"……她也是出于好心,因为这些情况如果被经理看到,免不了挨批。可是,好心没好报,她这样做的后果是把同事们都得罪了。同事们对她意见很大,甚至集体活动也不通知她参加。她也很生气,就向经理反映,没想到经理也不怎么支持她,反倒弄得她更加被动。

假如你是小颖看见同事的上述表现,你应该与同事怎样沟通?

3. 形式

分组进行,可以五人一组,其中一人扮演小颖,三人扮演同事,另一人进行监督和评价,每个人都轮流扮演小颖。

4. 规则

① 在演练过程中,每位同学都要严肃认真,言行要符合规范。

② 在实际模拟时,全体同学一起对某一小组的表现进行评论。

参 考 文 献

[1] 麻友平.人际沟通与交流[M].北京:清华大学出版社,2009.

[2] 金和.实用口才全集[M].北京:中国纺织出版社,2009.

[3] 李珉.普通话口语交际[M].北京:高等教育出版社,2004.

[4] 程在伦.讲演与口才[M].北京:高等教育出版社,2004.

[5] 惠而爱.沟通技巧[M].北京:人民邮电出版社,2009.

[6] 管一民,刘勤.沟通与交流[M].大连:大连出版社,2010.

[7] 王东,高永华.口才艺术——基础口才学[M].北京:光明日报出版社,1991.

[8] 高伟杰.独步天下金口才[M].北京:九州出版社,2001.

[9] 众行管理资讯研发中心.办公室事务管理[M].广州:广东经济出版社,2003.

[10] 刘春勇.普通话口语交际[M].北京:北京理工大学出版社,2009.

[11] 蔡康永.蔡康永的说话之道[M].沈阳:沈阳出版社,2010.

[12] 刘凤琴.沟通能力训练[M].北京:科学出版社,2010.

[13] 梁辉.有效沟通实务[M].北京:中国人民大学出版社,2010.

[14] 汝勇健.沟通技巧[M].北京:旅游教育出版社,2007.

[15] 薛巍.沟通决定你的一生[M].北京:中国华侨出版社,2010.

[16] 邹晓春.沟通能力培训全案[M].北京:人民邮电出版社,2008.

[17] 蒋红梅,杨毓敏.演讲与口才实训教程[M].北京:清华大学出版社,2009.